3시간에 배우는 인공지능 데이터 분석, 오렌지

문과 출신 비개발자 비즈니스맨을 위한

서울과학종합대학원 디지털혁신처

목차

들어가며

정말로 3시간이면 됩니다

AI경영대학원 서울과학종합대학원은 신입선생님(저희는 인턴부터 총장까지 모든 구성원들을 동일하게 선생님으로 호칭합니다)이 입사하면 인공지능 교육을 받습니다. 인공지능으로 데이터를 분석하는 방법을 배우고, 실제 자기 손으로 해보면서 느껴봅니다. 그리고 어떤 데이터를 어떻게 모아서 어떻게 살펴봐야 하는지도 알게 됩니다.

이렇게 되기까지의 교육시간이 3시간입니다. 인공지능에 대한 배경지식이 전혀 없는 분들이 같이 실습해보고 분석하고 감을 잡는데 걸리는 시간이 3시간입니다. 말이 안 된다고 느껴지시겠지만, 아무튼 저희는 그렇게 하고 있습니다.

이 책은 그 3시간 동안 함께 공부하는 내용을 옮겨둔 것입니다. 독자분들도 3시간만에 인공지능 데이터분석의 감을 잡으실 수 있을 거라 믿습니다. 기대합니다.

서울과학종합대학원 디지털혁신처 일동

1

PART

데이터 분석 준비운동

0. 인공지능/머신러닝/딥러닝, 세상에서 제일 쉽게 이해하기
1. 친절한 지도학습, 불친절한 비지도학습, 완전 불친절한 강화학습
2. 코딩 없이도 인공지능 데이터분석을 할 수 있다고?
3. 코딩 없이 하는 인공지능 데이터분석, 오렌지 설치법

0

인공지능/머신러닝/딥러닝, 세상에서 제일 쉽게 이해하기

인공지능(Artificial Intelligence)을 말하려고 하면 꼭 같이 따라다니는 친구들이 있다. 머신러닝(Machine Learning) 그리고 딥러닝(Deep Learning)이다. 인공지능이 뭐냐고만 물어봐도 머리가 아픈데, 머신러닝은 뭐고 딥러닝은 또 뭘까? 일단 필자가 할 수 있는 세상에서 가장 쉬운 방식으로 세 단어를 정리해보자.

인공지능은 한마디로 하면 "사람처럼 똑똑한 기계"다.

기계를 만들어 힘들고 위험한 일들을 대신 시켜보니 세상에 이렇게 편할 수가 없다는 걸 깨달은 인간들은, '와~ 너무 좋은데? 이거 육체노동 말고 정신노동도 시킬 수 없을까?' 라는 낭만적인 생각에 이르렀다. 사람처럼 똑똑해서 사람처럼 일할 수 있는 존재를 꿈꾸기 시작한 것이다. 그게 바로 인공지능이다.

그럼 머신러닝은 뭘까? 사람처럼 똑똑한 기계, "인공지능을 만들어내는데 성공한 방법"이다.

인공지능을 만들기 위해 수많은 방법들이 시도되었는데, 좀처럼 원하는 수준에 도달하지 못 했다. 어느 정도는 똑똑해졌지만 진짜 쓸 만할 정도로 똑똑해지지는 못 했던 것이다. 그러다 머신러닝이라는 새로운 접근법으로 인해 드디어 "사람처럼 똑똑한 기계, 인공지능"이 탄생하기 시작한 것.

그렇다면 딥러닝은? 일단, "머신러닝보다 더 똑똑한 기계를 만들어내는데 성공한 방법" 정도로 정리하고 넘어가자.

- 인공지능 = 사람처럼 똑똑한 기계
- 머신러닝 = 인공지능을 구현하는데 성공한 방법
- 딥러닝 = 머신러닝보다 더 똑똑한 인공지능을 구현하는데 성공한 방법

이렇게 어거지로 개념을 정리하고 나니, 과연 머신러닝은 어떻게 했길래 기존에 계속 실패했던 쓸 만한 인공지능을 만들어낼 수 있었는지, 그리고 딥러닝은 어떻게 했길래 머신러닝보다 더 똑똑한 인공지능을 만들어낼 수 있었는지 궁금해진다.

머신러닝 이전의 전통적 접근법은 이런 식이었다.

"필요한 지식을 다 알려주면 기계가 똑똑해지겠지?"

대치동 족집게 선생님이 핵심만 콕콕 찍어주는 주입식 교육 스타일이라 할 수 있다. 기계에게 공식(Rule)을 알려주고 답(Answer)을 구하게 하는 방식이었다. 그런데 아무리 족집게처럼 잘 찍어 가르쳐줘도 기계가 일정 수준 이상 똑똑해지질 않았다.

예를 들어 아주 오랫동안 사람들을 괴롭혀온 업계의 난제는 "개와 고양이 구분하기"였다. 아무리 고양이의 특징을 자세히 알려줘도(귀가 뾰족하고, 눈이 동그랗고, 수염이 있고, 꼬리가 있고, 귀엽고, 액체이고 등등) 계속 예외사항이 나와서 기계가 완벽하게 구분해내지 못 했던 것이다. 인공지능은 불가능하다고 주장한 사람들(과학자들 포함)이 가장 자주 했던 이야기도 "컴퓨터가 대단한 것 같지만 아직 개와 고양이도 구분 못 합니다. 인공지능? 힘듭니다."였다.

그런데 머신러닝이 이걸 풀어냈다. 고양이를 구분하는 방법을 알려주는 대신, "자 잘 봐~ 얘가 고양이야. 얘도 고양이야. 얘도 고양이고, 얘도 고양이다. 얘네들이 다~ 고양이야. 알겠지?" 이렇게 고양이 사진을 수십 장 수백 장 수천 장 수만 장 보여주면서 기계가 스스로 고양이의 특징을 깨우치게 한 것이다. 그 결과? 그 오랜 시간동안 못 해냈던 개와 고양이 구분을 깔끔하게 하기 시작했다. 족집게 주입식 교육으로 해내지 못 했던 것을, 요즘 유행하는 자기주도학습으로 해낸 것이다.

공식(Rule)을 알려주고 답(Answer)를 구하게 한 것이 아니라,

답(Answer)을 알려주고 공식(Rule)을 깨우치게 한 것.

이렇게 문제와 답을 보며 공식을 깨우쳐가는 과정을 공부 즉 학습(Learning)이라 칭했고, 그래서 기계가 공부하게 한다 해서 머신러닝(Machine Learning)이라 부르게 되었다.

이렇게 보면 결국 인공지능은 컴퓨터를 공부시키는 방법이기에, 컴퓨터 교육학이라고 표현할 수 있다.

1

친절한 지도학습, 불친절한 비지도학습, 완전 불친절한 강화학습

공식(Rule)을 알려주고 답(Answer)를 구하게 하는 전통적 프로그래밍과 달리, 머신러닝은 답(Answer)을 알려주고 공식(Rule)을 기계가 스스로 깨우치게 함으로써 기계의 잠재력을 끌어내는데 성공했고 마침내 쓸 만한 인공지능 시대를 열었다. 이제 문제와 답만 열심히 가르쳐주면, 기계가 알아서 똑똑해지게 만들 수 있게 된 것이다. 이렇게 답을 가르쳐주며 공부시키는 방식을 지도학습(Supervised Learning)이라 부른다.

그런데 사람들의 귀차니즘은 끝이 없어서, 처음의 감동도 잠시, 점점 "아~ 이거 답을 하나하나 알려주는 것도 귀찮네… 그냥 답 없이도 기계가 알아서 똑똑해지게 만들 수는 없을까?"라는 게으른 생각을 하는 사람들이 생겨났다. 답도 안 가르쳐주고 그냥 우등생이 되길 바라다니, 참으로 불친절하고 무책임한 생각이라 아니 할 수 없었다.

그런데 문제는 이런 게으른 생각을 한 사람들 중 천재들이 있었던 것. (어쩌면 천재라 귀찮아 했을 수도 있겠다) 그래서 그들이 이 발칙한 생각을 덜컥 성공시켜버렸다. 답도 안 가르쳐주고 그냥 문제(데이터)만 잔뜩 주면서 기계더러 알아서 답(Answer)을 찾게 한 것이다. 이렇게 답을 안 가르쳐주고 공부시키는 방식을 비지도학습(Unsupervised Learning)이라 부른다.

참고로 아직은 지도학습 분야에서 대부분의 인공지능 성과가 나오고 있지만, 인공지능(AI)의 미래는 비지도학습에 달려있다고 보는 수많은 천재들이 있어, 그쪽 연구에 매진하며 매일 새로운 성과를 쏟아내고 있다.

그런데……. 여기까지만 해도 충분한 것 같은데, 역시 사람들의 귀차니즘은 끝이 없어서, 이제 답이 아니라 문제(데이터)를 주는 것도 귀찮아 하는 사람들이 나타나고 말았다. "아… 이거 어떻게 그냥 아무 것도 안 가르쳐 주고 알아서 똑똑해지게 할 수는 없을까?"라는 당치 않은 생각을 하기 시작한 것이다. 문제는 이 중에도 또 천재들이 있었다는 것. 그래서 그걸 또 해내버리고 말았다.

문제도 답도 아무 것도 안 주고, 그냥 컴퓨터를 어떤 장소(환경)에 집어넣는다. 그러면 컴퓨터는 자기 마음대로 행동을 하게 되는데, 그렇게 행동을 할 때마다 "삑! 상점 1점!", "삑! 벌점 1점!" 이런 식으로 채점이 된다. 그러면 컴퓨터는 점점 벌점은 안 받고 상점은 많이 받는 방식으로, 그것도 가능하면 최단시간에 최다득점을 하는 방법을 찾아내며 스스로를 진화시킨다. 그러다 보면 결과적으로 컴퓨터가 엄청나게 똑똑해지는 것이다. 아기들이 처음에는 이 행동 저 행동을 랜덤으로 하다가, 엄마아빠의 반응(칭찬 혹은 꾸중)을 보면서 점점 부모가 좋아하는 행동만 하고 화내는 행동은 안 하게 되는 것과 비슷하다. 이렇게 답도 문제도 안 가르쳐주고 피드백만 주면서 공부시키는 방식을 강화학습(Reinforcement Learning)이라 부른다.

지도학습보다는 비지도학습이 어렵고, 비지도학습보다도 강화학습이 어렵지만,

지도학습보다는 비지도학습에, 비지도학습보다도 강화학습에 인공지능의 미래가 걸려있다.

강화학습의 위력은 알파고 개발사 딥마인드가 공개한 동영상에 잘 나타나있다. 아무 사전지식 없이 컴퓨터가 얼마나 빠른 속도로 진화하는지, 딥마인드의 벽돌깨기 게임 강화학습 동영상을 보면서 느껴보자.

동영상: 강화학습_벽돌깨기 게임_딥마인드

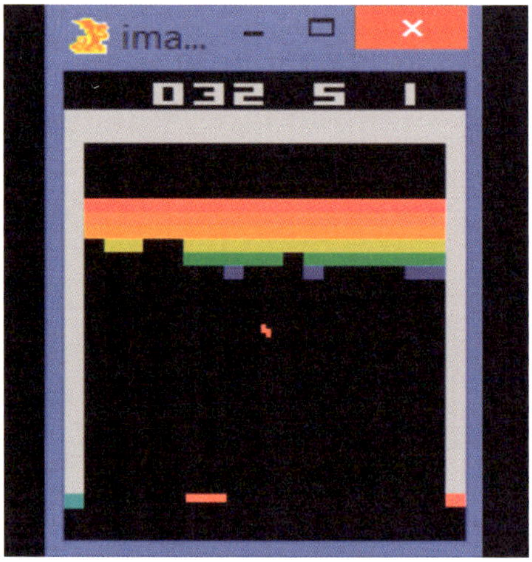

▲ 휴대폰 카메라로 QR 코드를 스캔하시면 해당 유튜브 영상으로 연결됨

처음에는 게임 룰을 몰라 멍하니 공을 흘려보내던 컴퓨터는, 자꾸 벌점을 받자(생명 감소) '아~ 그냥 있으면 죽는구나. 저 공을 받아쳐야 하는 건가 보지?'라고 깨닫고, 이제 공을 쳐내기 시작한다. 그러다 벽돌이 깨질 때마다 점수가 올라가는 걸 발견하고 '아하~ 공을 튕겨서 벽돌을 깨는 게 목표구나!'라고 느끼고 이제 공을 쳐내는 것뿐만 아니라 벽돌을 깨는 것도 신경쓰기 시작한다. 그 결과 2시간 정도 지나면 인간 고수 정도의 플레이실력을 뽐내기 시작한다.

재미있는 건 그 다음인데, 컴퓨터가 게임을 계속하다 보니 매번 피곤하게 받아치는 것보다 더 효율적인 작전(!)을 떠올린 것이다. 그리고는 벽돌 좌측 부분을 집중공략해서 구멍을 뚫어버린다. 그러면 공이 아래로 내려오지 않고, 천장과 상단 벽돌들 사이를 튕겨 다니면서 알아서 점수를 올리기 때문이다. 이 장면은 꼭 동영상으로 직접 확인해보기 바란다.

강화학습은 아직 게임처럼 룰이 확실하고 환경(채점을 해주는) 설정이 쉬운 상황에서 주로 성과를 내고 있지만, 그걸 넘어서 현실의 고민을 강화학습으로 해결할 수 있을 정도로 기술이 발달한다면, 그때는 정말 광범위하게 대단한 위력을 발휘할 것으로 기대된다. 강화학습은 지금까지 나온 컴퓨터 교육법 중에서도 컴퓨터의 잠재력을 최대로 끌어내는 방법이기 때문이다.

하지만 인공지능 공부를 시작하는 단계에서는, 특히 인공지능으로 데이터 분석을 하려고 하는 독자라면, 일단 지도학습과 비지도학습만 잘 이해하고 사용할 줄 알아도 많은 놀라운 일들을 해낼 수 있다.

2

코딩 없이도 인공지능 데이터 분석을 할 수 있다고?

원래 인공지능을 제대로 사용하려면 두 가지 큰 벽이 있었다. 하나는 수학이다.

❙ 인공지능의 벽 ❙

"저 사람은 왜 저렇게 된 거죠?"
"인공지능 수학을 이해해보겠다고 도전했었지."

이 부분은 다행히 착한 천재들이, 자신들이 먼저 공부한 다음, 후배들은 그냥 가져다 쓰기만 하면 되게끔 다 만들어줘서, 진짜 인공지능의 원리를 알고 싶은 사람이 아니라면, 수학 공부 없이도 인공지능을 사용할 수 있게 되었다.

또 한 가지 벽은 코딩이다. 인공지능을 이용하려면 프로그래밍을 해야 한다. 당연한 일이다. 미국 사람하고 만나면 한국말을 못 하니 영어로 말을 해줘야 하는 것처럼(그런데 왜 매번 우리만 외국어를 해주는 걸까? 그네들은 왜 한국어를 안 배울까? 참 우리나라 사람들은 서비스정신이 강한 것 같다.) 컴퓨터는 사람의 말을 알아듣지 못 하니, 컴퓨터가 알아들게끔 바꿔서 말을 해줘야 한다. 이렇게 컴퓨터가 알아들을 수 있게끔 말해주는 걸(입력하는 걸) 코딩이라 한다.

세상에 영어, 중국어, 일본어 등 다양한 언어가 있는 것처럼, 컴퓨터가 이해할 수 있는 프로그래밍 언어도 여러 종류가 있다. 그 중 인공지능을 사용할 때는 파이썬(python)이라는 프로그래밍 언어를 주로 사용한다.

인공지능을 사용하려면, 코딩을 얼마나 해야 할까? 구글에서 조금만 검색해보면 누군가가 짜둔 코드들을 쉽게 찾아볼 수 있는데, 끝없이 이어지는 듯한 외계어로 인해 기가 질리곤 한다. 인공지능 데이터 분석을 할 때마다 저렇게 긴 코딩을 해야 한단 말인가? 원래 프로그래머라면 모를까, 문과출신 비개발자들에게는 도전하기도 전에 숨이 턱 막히는 상황이 아닐 수 없다.

| 인공지능 데이터 분석 코딩 일부 중 일부 중 일부 |

```
import numpy as np # linear algebra
import pandas as pd # data processing, CSV file I/O (e.g. pd.read_cs
v)
import seaborn as sns
import matplotlib.pyplot as plt
%matplotlib inline

# Import statements required for Plotly
import plotly.offline as py
py.init_notebook_mode(connected=True)
import plotly.graph_objs as go
import plotly.tools as tls


from sklearn.ensemble import RandomForestClassifier, GradientBoosti
ngClassifier
from sklearn.linear_model import LogisticRegression
from sklearn.metrics import (accuracy_score, log_loss, classificati
on_report)
from imblearn.over_sampling import SMOTE
import xgboost

# Import and suppress warnings
import warnings
warnings.filterwarnings('ignore')
```

보통 이 분량의 20배 정도 코딩을 하면 가벼운 데이터 분석이 이루어진다

그런데, 이런 우리를 어여삐 여긴 훌륭한 사람들이 유럽에 있었다. 슬로베니아 루블라냐 대학(University of Ljubljana)에서, 코딩 없이도 인공지능 데이터 분석을 할 수 있는 프로그램을 만들어서, 심지어 무료로 전세계에 공개한 것이다. 프로그램 이름은 오렌지(Orange Data Mining). 덕분에 우리는 긴 코딩 대신, 아래와 같은 예쁜 그림만 그리면 마법처럼 인공지능 분석을 할 수 있게 되었다.

▌오렌지의 위력▐

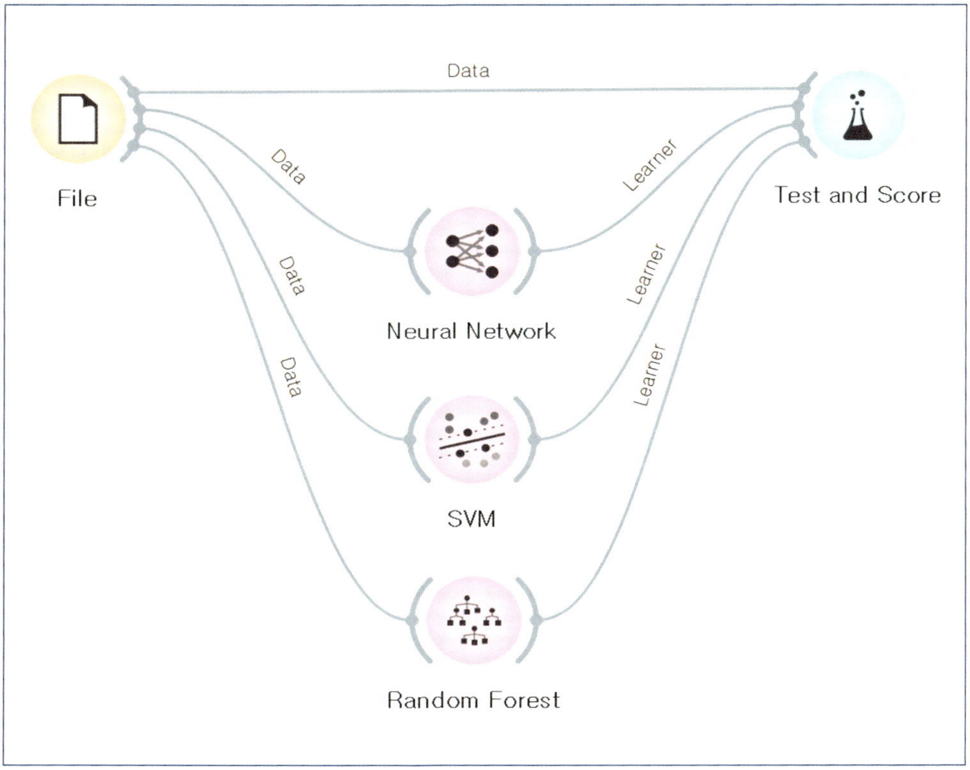

그 긴 코딩이, 이런 그림만 그리면 끝난다. 심지어 성능도 좋다.

필자는 루블라냐 대학 오렌지 개발팀에 조만간 노벨상을 줘야 한다고 생각한다. 아마 필자와 함께 오렌지를 이용해 인공지능 데이터 분석을 해보고 나면, 여러분들도 같은 생각을 하게 될 것이라 확신한다.

기다리다 지쳐 현기증이 나니, 이제 어서 오렌지를 설치하러 가자.

| 오렌지 데이터마이닝 홈페이지(구글에서 orange data mining 검색) |

https://orangedatamining.com/download

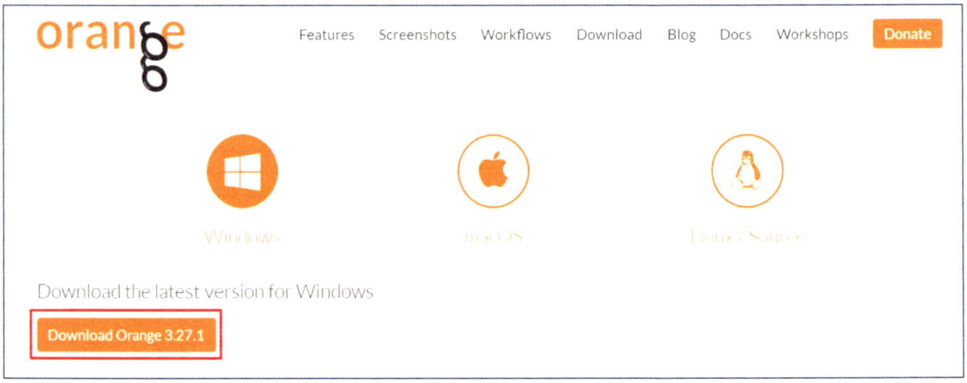

Download Orange 버튼을 클릭한 다음 Next(다음) 버튼만 계속 클릭하면 잘 설치가 되는데, 혹시 잘 모르겠는 분들은 다음 챕터 다운로드 방법을 참조해주시길.

3

코딩 없이 하는 인공지능 데이터 분석, 오렌지 설치법

① Orange 설치

(1) 구글에서 orange data mining 검색하거나, 아래 주소를 인터넷 창에 입력하고 이동 후 자기 컴퓨터에 맞는 설치(윈도우, 맥) 파일 다운로드

https://orangedatamining.com/download
오렌지 최신버전 3.27
윈도우 버전 / 맥 버전 / 리눅스 버전

(2) 다운로드 완료되면 다운받은 파일 더블클릭(실행)해서 설치 시작 후, 아래 그림대로 선택.

윈도우 버전

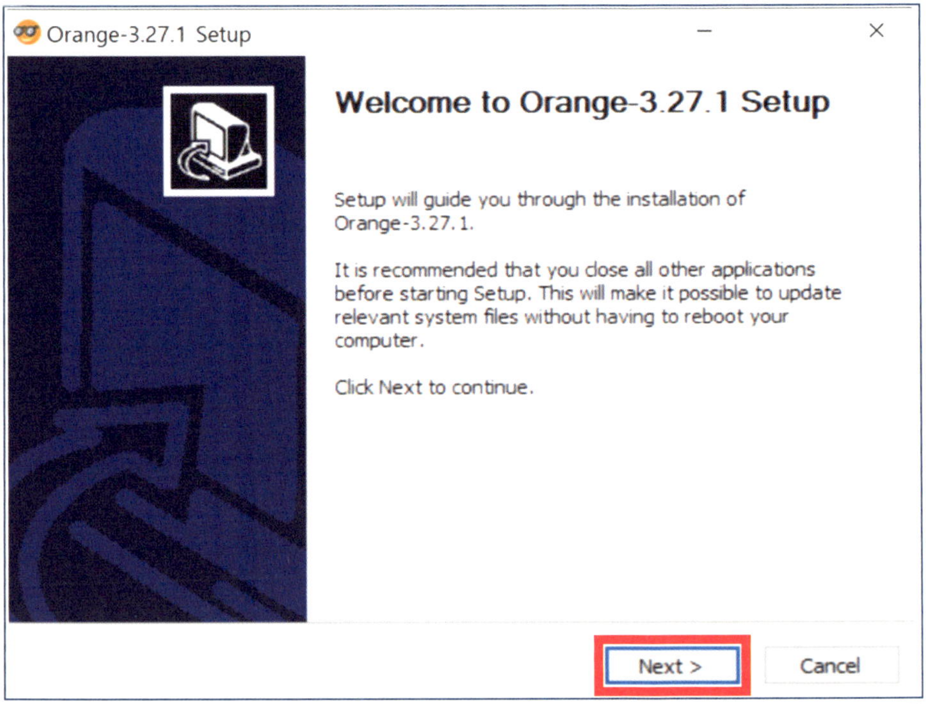
Orange-3.27.1 Setup
Welcome to Orange-3.27.1 Setup
Setup will guide you through the installation of Orange-3.27.1.
It is recommended that you close all other applications before starting Setup. This will make it possible to update relevant system files without having to reboot your computer.
Click Next to continue.
Next >
Cancel

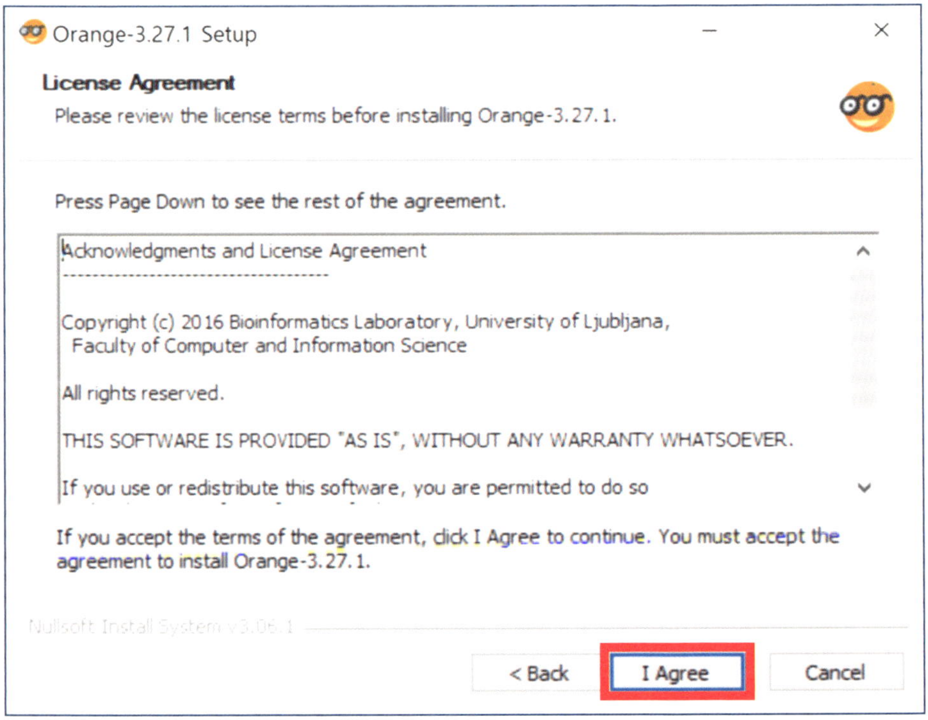
Orange-3.27.1 Setup
License Agreement
Please review the license terms before installing Orange-3.27.1.
Press Page Down to see the rest of the agreement.
Acknowledgments and License Agreement
Copyright (c) 2016 Bioinformatics Laboratory, University of Ljubljana,
Faculty of Computer and Information Science
All rights reserved.
THIS SOFTWARE IS PROVIDED "AS IS", WITHOUT ANY WARRANTY WHATSOEVER.
If you use or redistribute this software, you are permitted to do so
If you accept the terms of the agreement, click I Agree to continue. You must accept the agreement to install Orange-3.27.1.
< Back
I Agree
Cancel

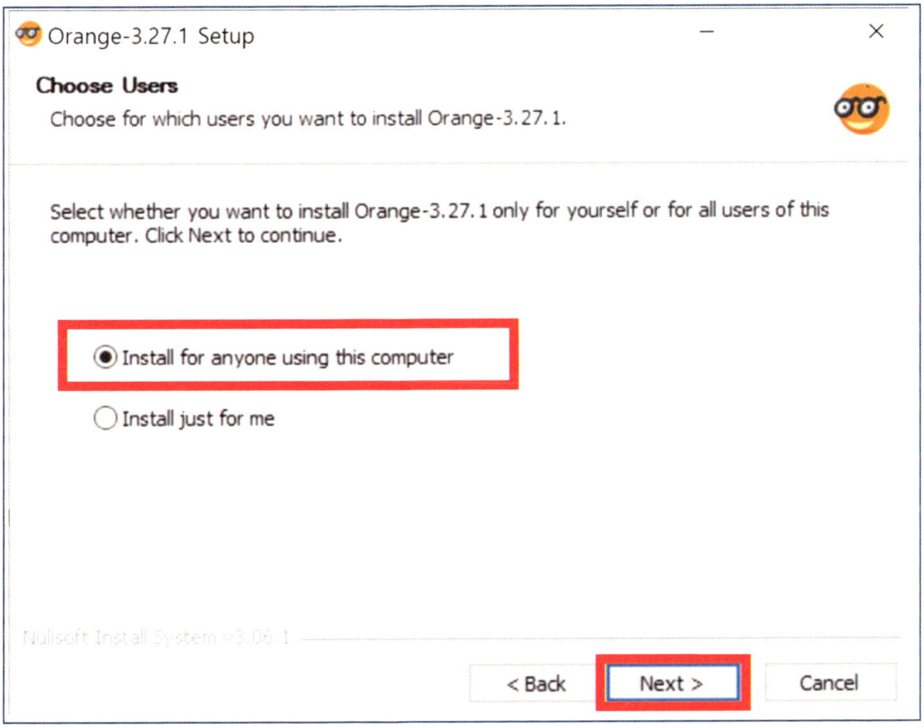
Orange-3.27.1 Setup
Choose Users
Choose for which users you want to install Orange-3.27.1.
Select whether you want to install Orange-3.27.1 only for yourself or for all users of this computer. Click Next to continue.
Install for anyone using this computer
Install just for me
< Back
Next >
Cancel

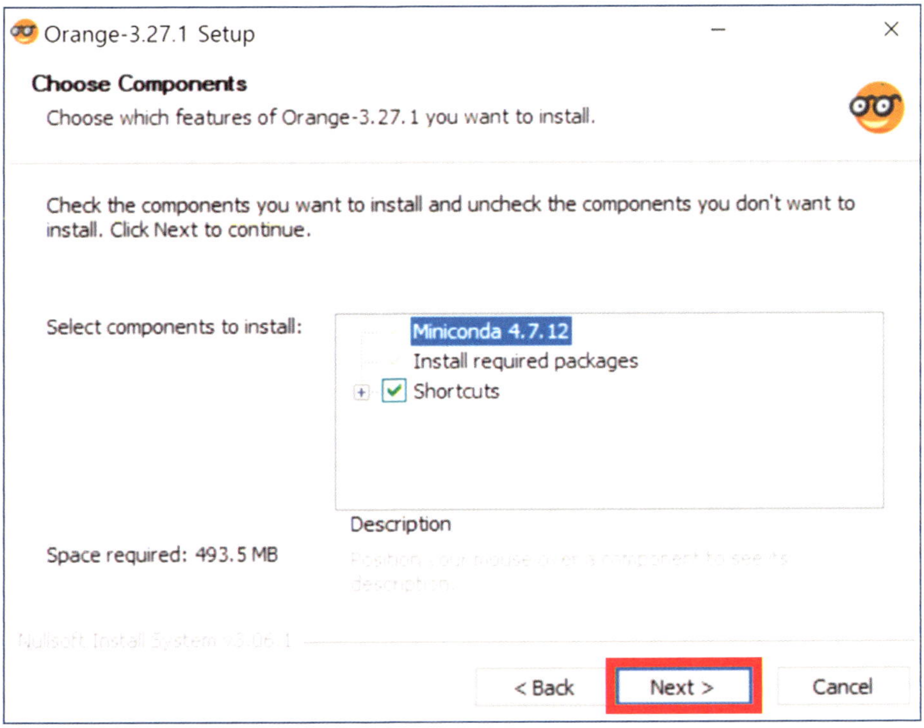
Orange-3.27.1 Setup
Choose Components
Choose which features of Orange-3.27.1 you want to install.
Check the components you want to install and uncheck the components you don't want to install. Click Next to continue.
Select components to install:
Miniconda 4.7.12
Install required packages
Shortcuts
Description
Space required: 493.5 MB
< Back
Next >
Cancel

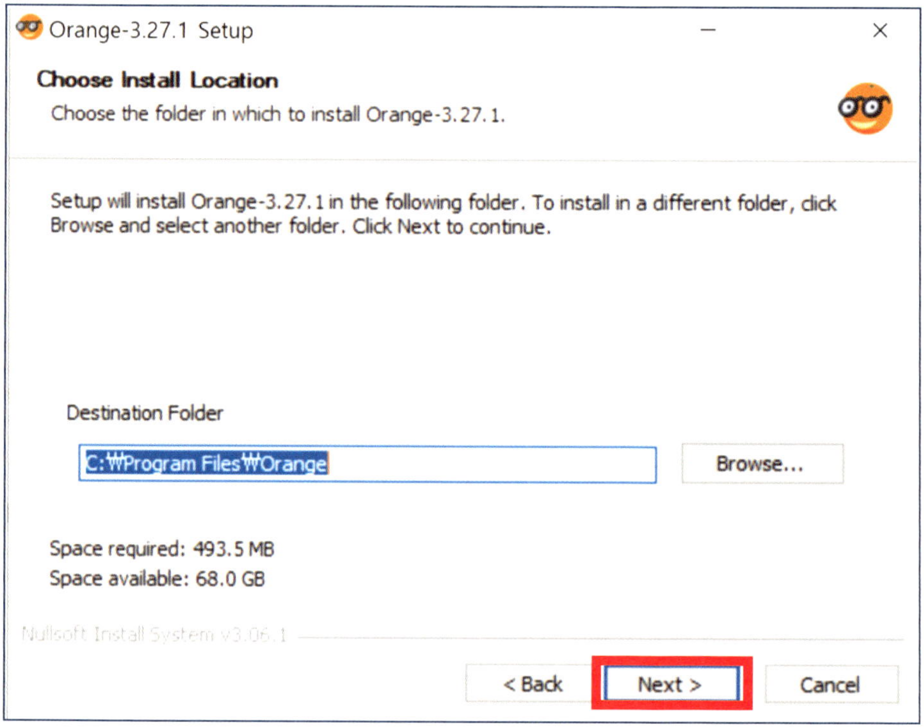
Orangle-3.27.1 Setup
Choose Install Location
Choose the folder in which to install Orange-3.27.1.
Setup will install Orange-3.27.1 in the following folder. To install in a different folder, click Browse and select another folder. Click Next to continue.
Destination Folder
C:₩Program Files₩Orange
Browse...
Space required: 493.5 MB
Space available: 68.0 GB
Nullsoft Install System v3.06.1
< Back
Next >
Cancel

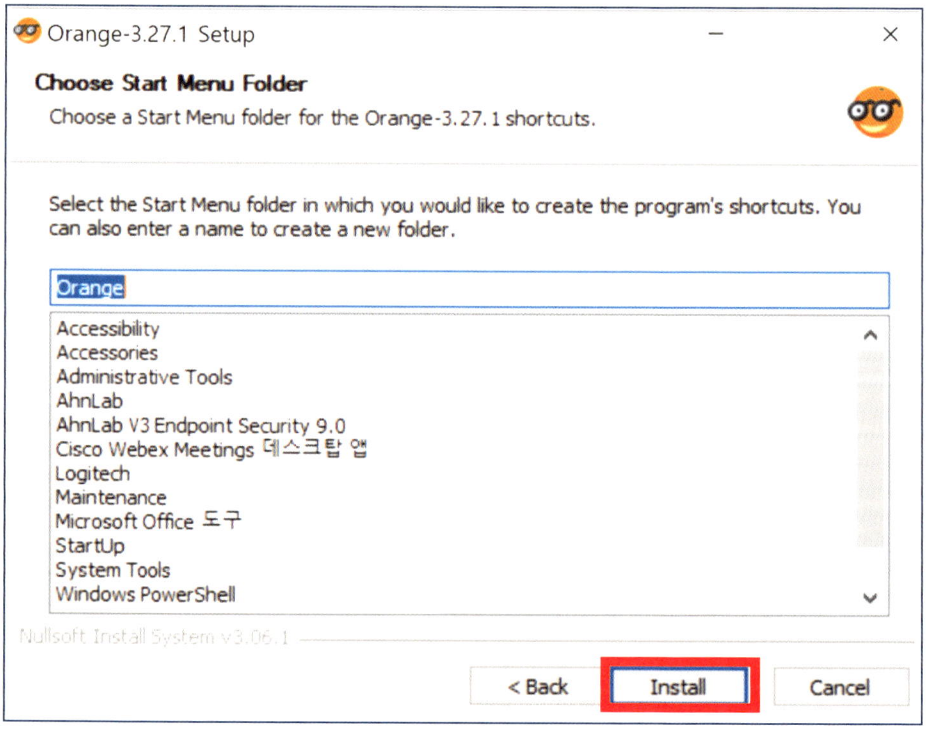
Orange-3.27.1 Setup
Choose Start Menu Folder
Choose a Start Menu folder for the Orange-3.27.1 shortcuts.
Select the Start Menu folder in which you would like to create the program's shortcuts. You can also enter a name to create a new folder.
Orange
Accessibility
Accessories
Administrative Tools
AhnLab
AhnLab V3 Endpoint Security 9.0
Cisco Webex Meetings 데스크탑 앱
Logitech
Maintenance
Microsoft Office 도구
StartUp
System Tools
Windows PowerShell
Nullsoft Install System v3.06.1
< Back
Install
Cancel

Miniconda3 4.7.12 (64-bit) Setup
miniCONDA
Welcome to Miniconda3 4.7.12 (64-bit) Setup
Setup will guide you through the installation of Miniconda3 4.7.12 (64-bit).
It is recommended that you close all other applications before starting Setup. This will make it possible to update relevant system files without having to reboot your computer.
Click Next to continue.
Next >
Cancel

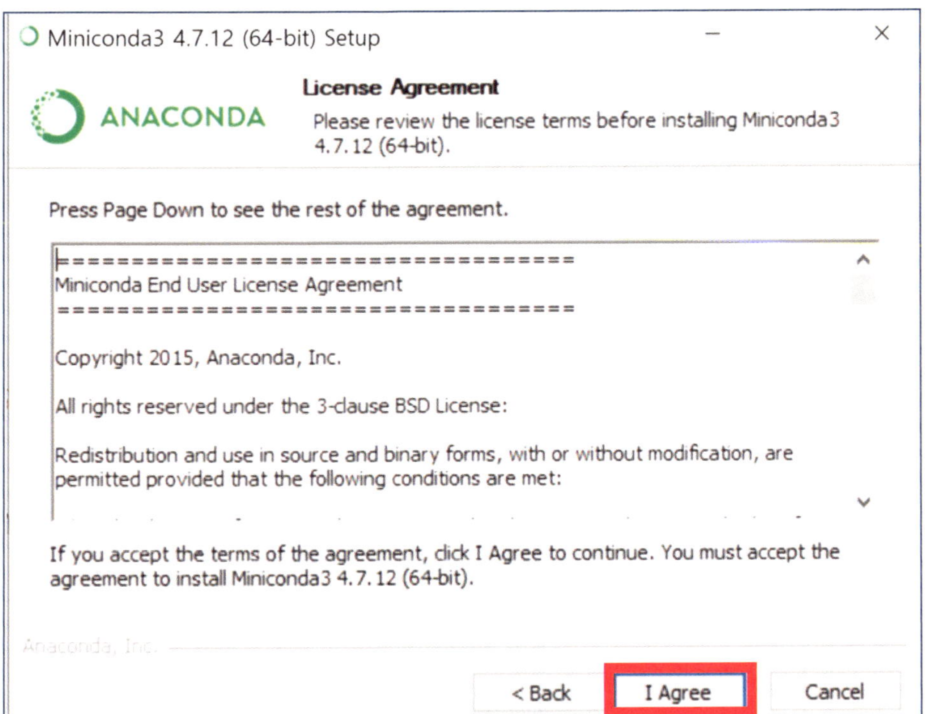
Miniconda3 4.7.12 (64-bit) Setup
ANACONDA
License Agreement
Please review the license terms before installing Miniconda3 4.7.12 (64-bit).
Press Page Down to see the rest of the agreement.
===================================
Miniconda End User License Agreement
===================================
Copyright 2015, Anaconda, Inc.
All rights reserved under the 3-clause BSD License:
Redistribution and use in source and binary forms, with or without modification, are permitted provided that the following conditions are met:
If you accept the terms of the agreement, click I Agree to continue. You must accept the agreement to install Miniconda3 4.7.12 (64-bit).
Anaconda, Inc.
< Back
I Agree
Cancel

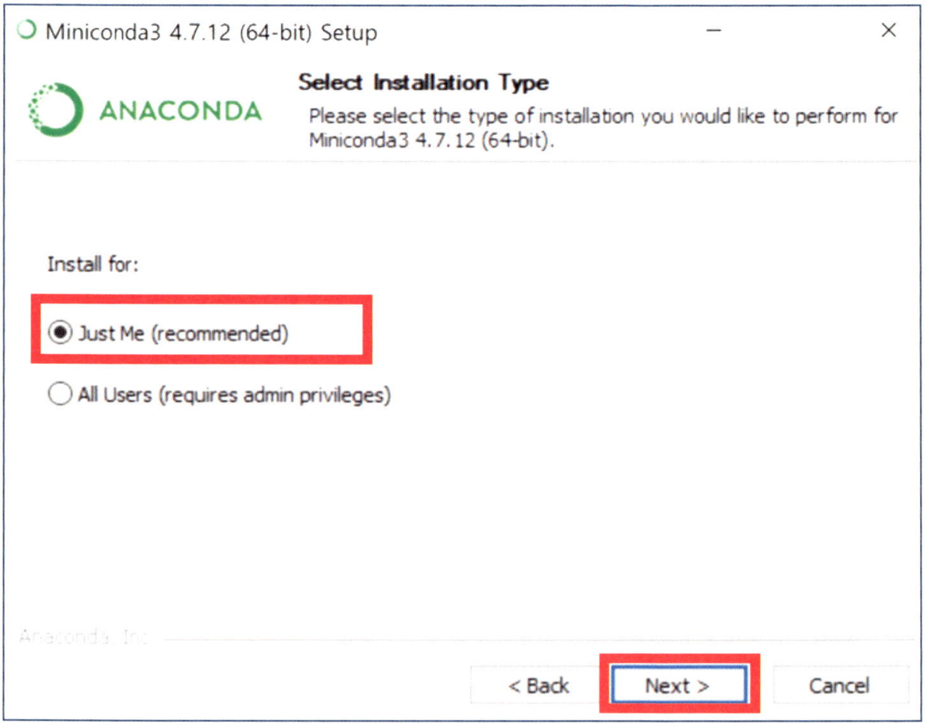
Miniconda3 4.7.12 (64-bit) Setup
ANACONDA
Select Installation Type
Please select the type of installation you would like to perform for Miniconda3 4.7.12 (64-bit).
Install for:
Just Me (recommended)
All Users (requires admin privileges)
< Back
Next >
Cancel

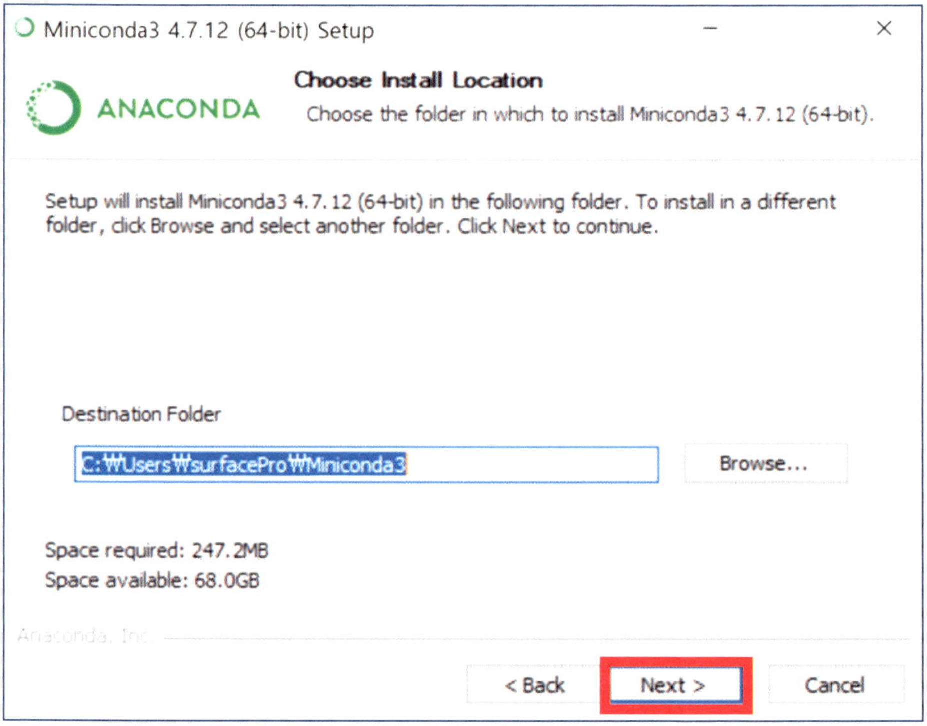
Miniconda3 4.7.12 (64-bit) Setup
ANACONDA
Choose Install Location
Choose the folder in which to install Miniconda3 4.7.12 (64-bit).
Setup will install Miniconda3 4.7.12 (64-bit) in the following folder. To install in a different folder, click Browse and select another folder. Click Next to continue.
Destination Folder
C:₩Users₩surfacePro₩Miniconda3
Browse...
Space required: 247.2MB
Space available: 68.0GB
< Back
Next >
Cancel

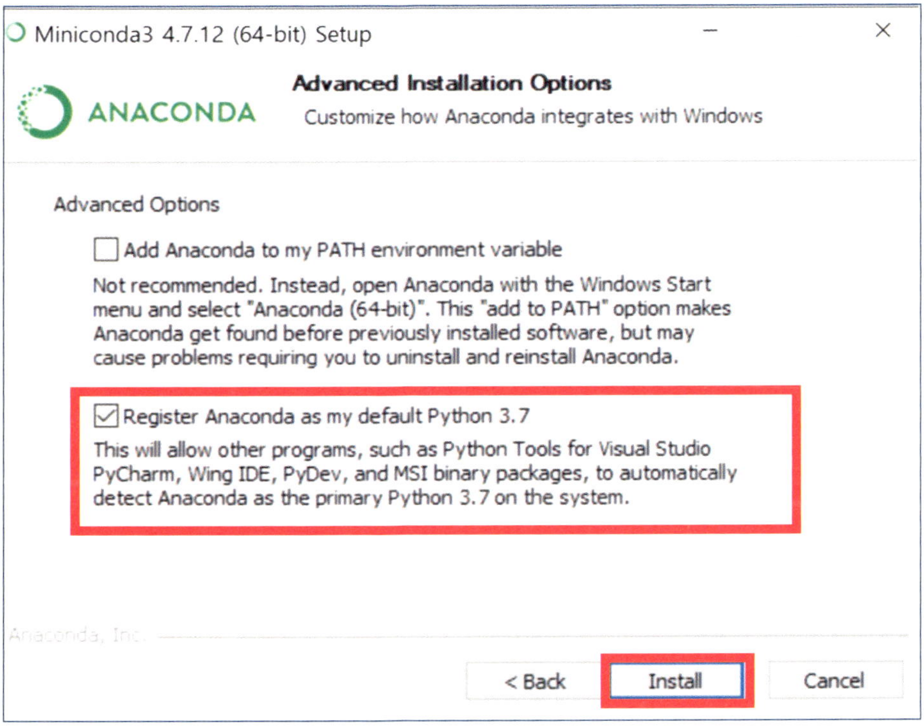
Miniconda3 4.7.12 (64-bit) Setup
ANACONDA
Advanced Installation Options
Customize how Anaconda integrates with Windows
Advanced Options
Add Anaconda to my PATH environment variable
Not recommended. Instead, open Anaconda with the Windows Start menu and select "Anaconda (64-bit)". This "add to PATH" option makes Anaconda get found before previously installed software, but may cause problems requiring you to uninstall and reinstall Anaconda.
Register Anaconda as my default Python 3.7
This will allow other programs, such as Python Tools for Visual Studio PyCharm, Wing IDE, PyDev, and MSI binary packages, to automatically detect Anaconda as the primary Python 3.7 on the system.
< Back
Install
Cancel

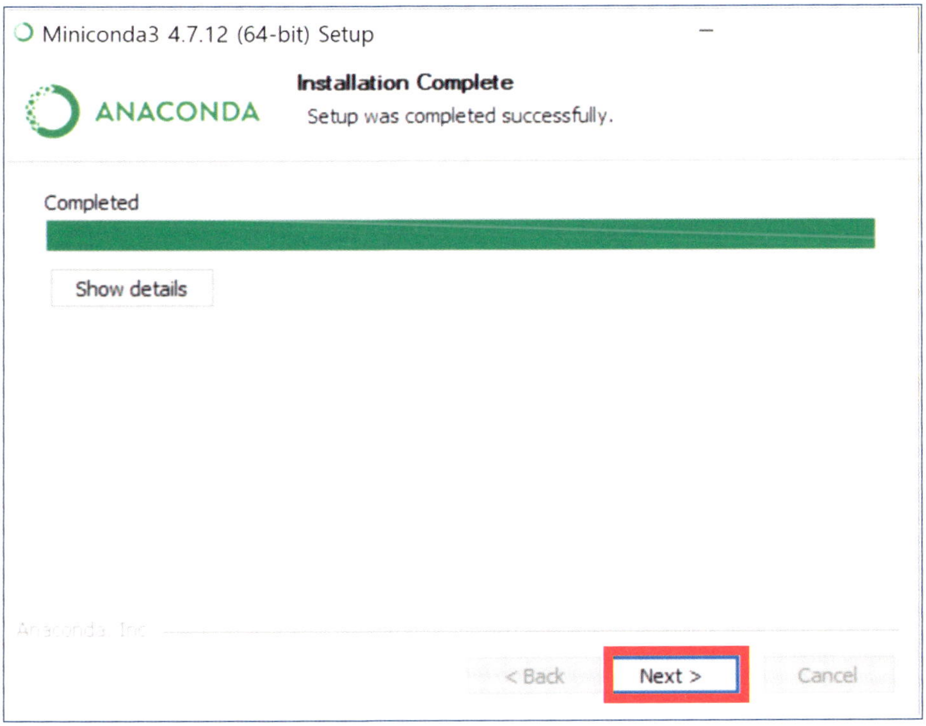
Miniconda3 4.7.12 (64-bit) Setup
ANACONDA
Installation Complete
Setup was completed successfully.
Completed
Show details
< Back
Next >
Cancel

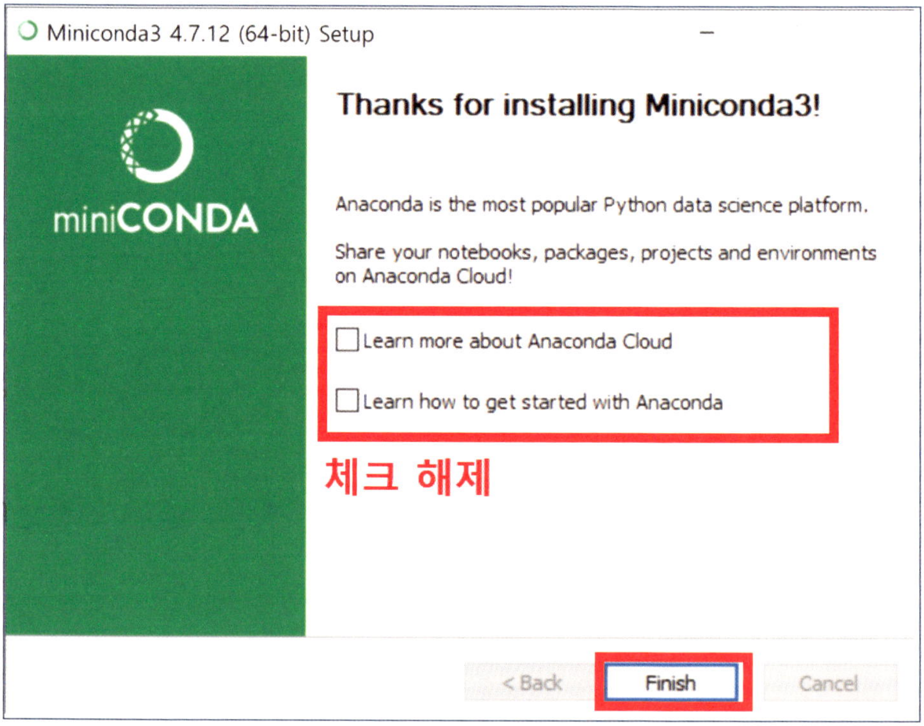
Miniconda3 4.7.12 (64-bit) Setup
miniCONDA
Thanks for installing Miniconda3!
Anaconda is the most popular Python data science platform.
Share your notebooks, packages, projects and environments on Anaconda Cloud!
Learn more about Anaconda Cloud
Learn how to get started with Anaconda
체크 해제
< Back
Finish
Cancel

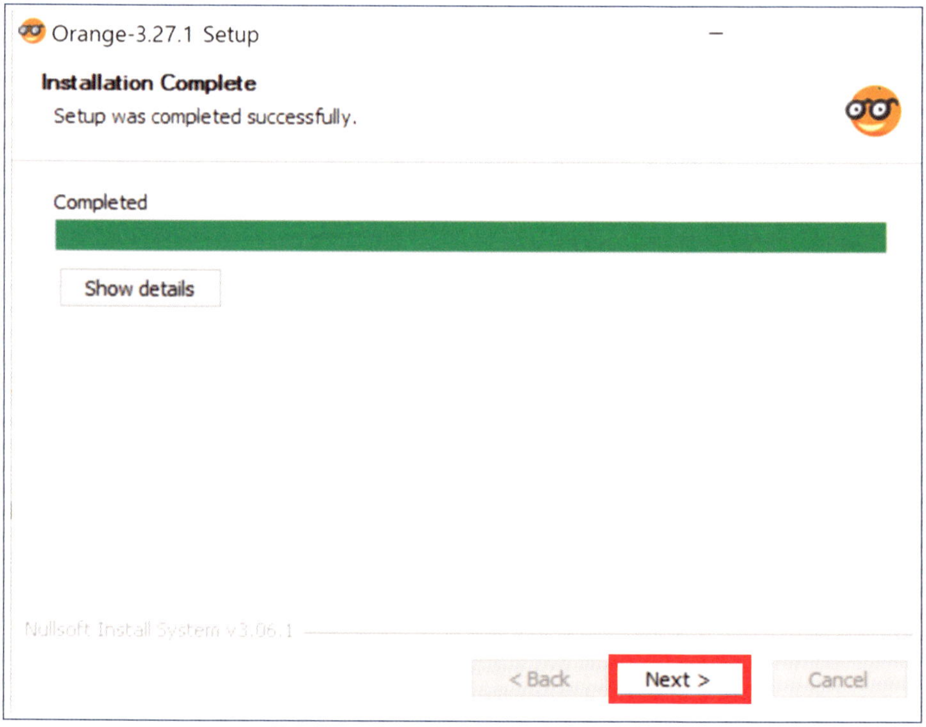
Orange-3.27.1 Setup
Installation Complete
Setup was completed successfully.
Completed
Show details
Nullsoft Install System v3.06.1
< Back
Next >
Cancel

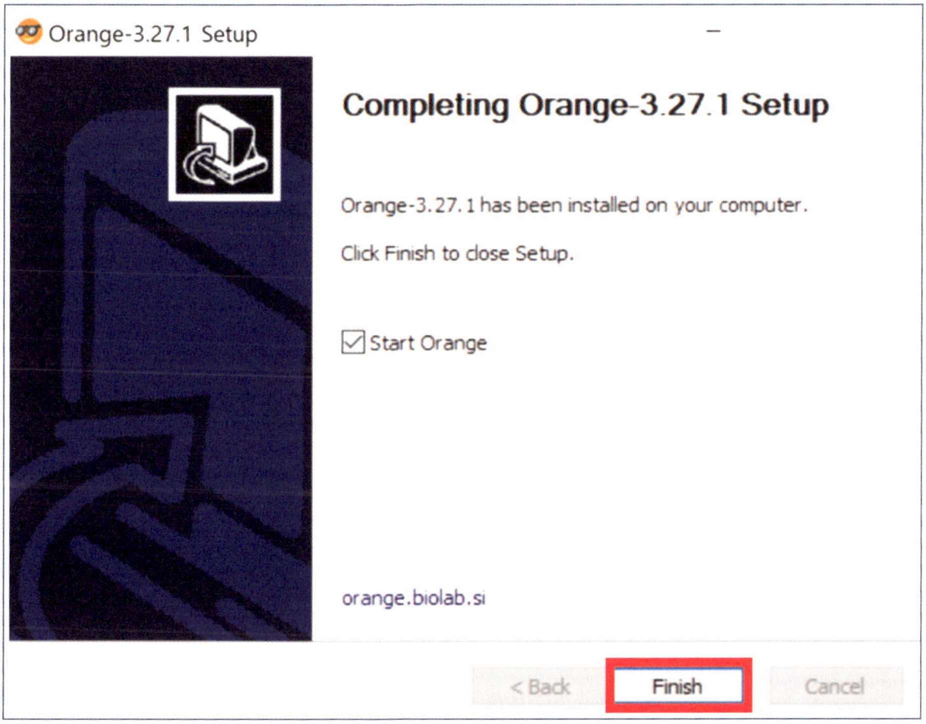

드디어 설치 완료!

1) 맥 버전

아래 링크로 접속한 후 순서대로 진행
https://orange.biolab.si/download/#macos

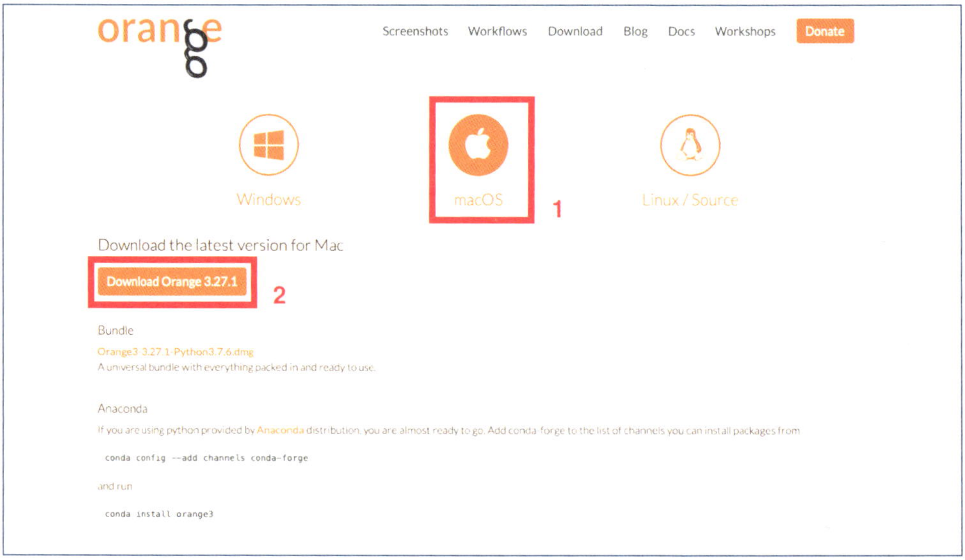
orange
Screenshots
Workflows
Download
Blog
Docs
Workshops
Donate
Windows
macOS
1
Linux / Source
Download the latest version for Mac
Download Orange 3.27.1
2
Bundle
Orange3-3.27.1-Python3.7.6.dmg
A universal bundle with everything packed in and ready to use.
Anaconda
If you are using python provided by Anaconda distribution, you are almost ready to go. Add conda-forge to the list of channels you can install packages from
conda config --add channels conda-forge
and run
conda install orange3

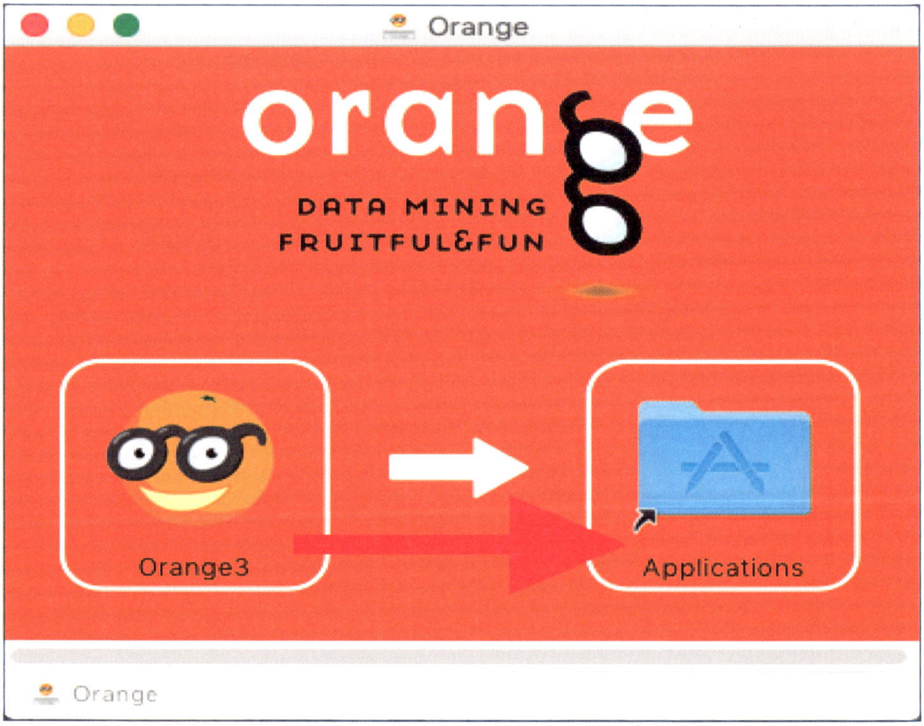
Orange
orange
DATA MINING
FRUITFUL&FUN
Orange3
Applications
Orange

Orange3 아이콘을 클릭하여 드래그해 Applications 아이콘으로 끌어온다.

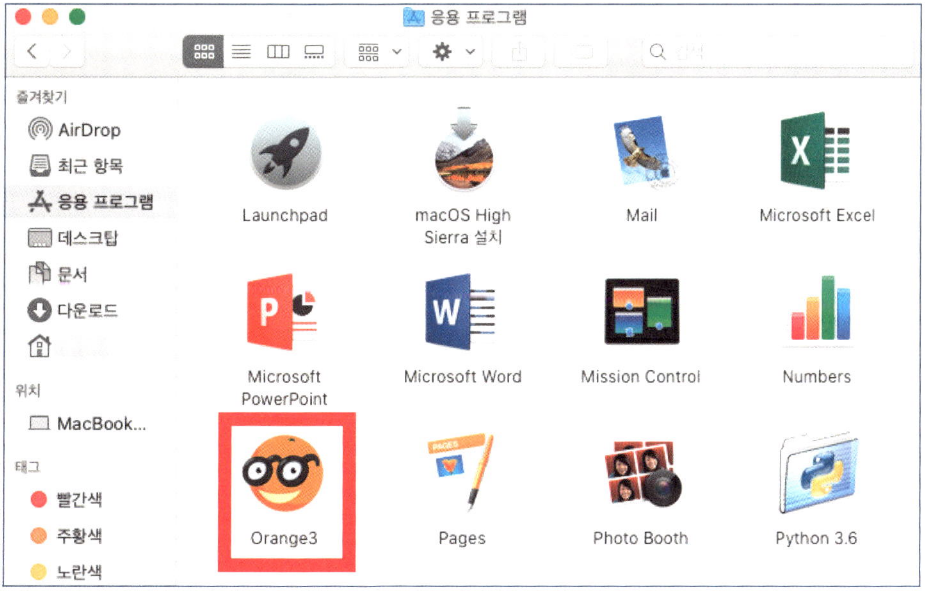

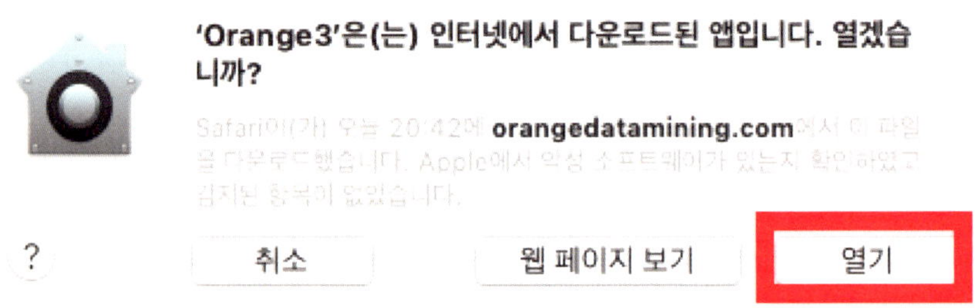

이렇게 나오면 설치 완료!

2) Orange add_ons(확장팩) 설치

Orange 실행한 후 아래 그림 순서대로 진행

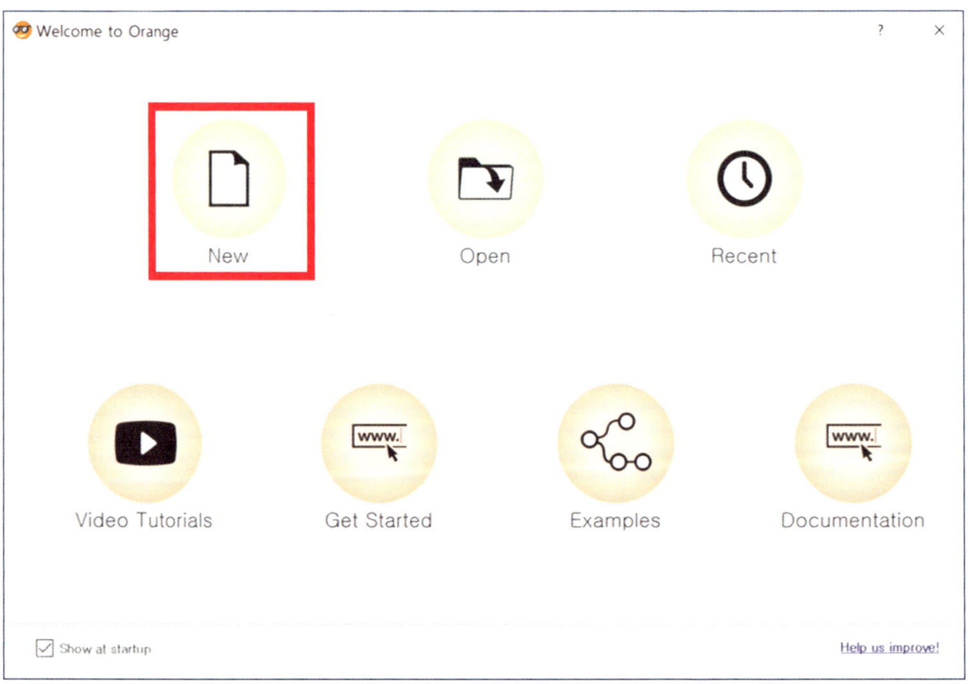

▲ New 선택

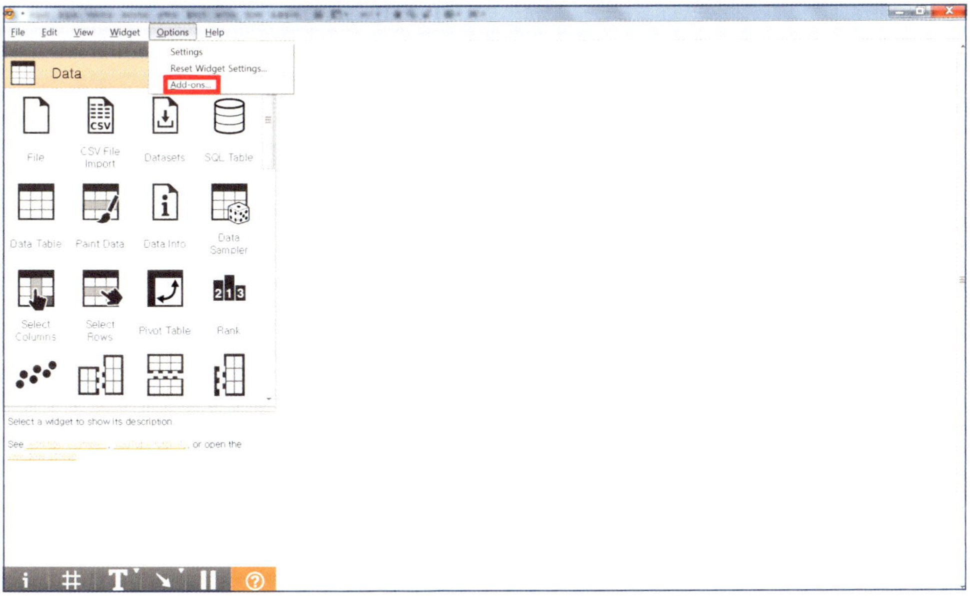

▲ 상단 메뉴 Options 클릭해 Add-ons 클릭

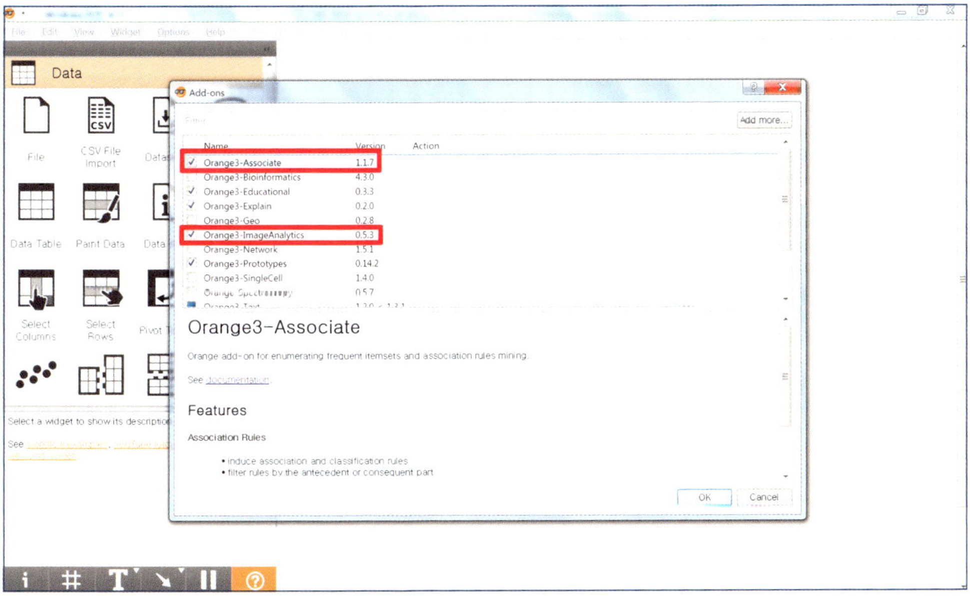

▲ Associate, ImageAnalytics 선택.

다른 것들도 궁금하면 설치해도 되지만, 아무튼 앞 두 가지는 필수

설치할 추가기능을 선택한 후 OK 버튼을 누르면, 알아서 설치를 진행하고, 시간이 흘러 완료되면 Orange를 껐다 켜야 한다는 창이 뜬다. OK를 눌러서 Orange를 끈 후, 다시 시작하면 된다.

* 참고로 맥OS에서 가끔 add-ons가 설치되지 않는 경우가 있다. 그럴 때는 아래 사진과 같이 applications에서 user 폴더로 오렌지를 옮겨보자!

여기까지 했으면, 코딩 없이 하는 인공지능 데이터 분석 오렌지 사용 준비 완료!
이제 바로 인공지능 데이터 분석 실습으로 들어가보기로 하자.

2
PART

데이터 분석 실습

4

객관식 예측 Classification: 이직할 직원 예측하기, 암 진단하기(이미지)

데이터 분석이란 많은 양의 자료를 요약 및 정리해 특성을 파악한 뒤, 여러 방면에 적용해보는 행위를 일컫는다. 무수한 자료들을 특성 별로 분류해보기도 하고, 자료들의 규칙을 찾아 앞으로의 진행을 예측해보는 등 여러 방식으로 자료들을 분석해볼 수 있다. 일단 첫 번째로 Classification(클래시피케이션: 분류, 객관식 예측) 기법을 사용해보자.

Classification은 보기가 주어져 있는 객관식 문제를 푸는 것과 비슷하다. 시험에서 합격할지 탈락할지, 선거에서 당선될지 낙선할지, 업무평가에서 5점을 받을지 4점을 받을지 3점을 받을지 등등, 보기가 정해져 있는 예측들은 모두 Classification이다. 이런 보기들을 '범주'라고 표현하기도 한다. 즉, Classification은 말 그대로 데이터를 특정 보기(범주)로 '분류'하는 것으로, 새로운 데이터가 어떤 범주에 속할지 예측할 수 있는 기법이며, 경영활동에서의 의사결정 뿐만 아니라 의학, 법률 등 여러 분야에 적용 가능하다. 예를 들어 회사에서 이직할 직원을 미리 예측해볼 수도 있고, CT사진을 통해 암 질환 여부 나아가 암 질환 종류까지도 확인할 수 있다. 우리가 예언자도 아니고 의사도 아닌데 어떻게 그런 예측을 할 수 있을까? 실습을 통해 직접 확인해보자.

1) 이직할 직원 예측하기

요즘 회사들의 큰 고민 중 하나는 직원들의 잦은 이직이다. 특히 핵심인재들의 이직은 회사의 성장세를 둔화시키는 큰 부담요인이다. 그래서 요즘은 채용단계에서 가장 화려한 경력을 가진 지원자를 선택하기보다, 오랫동안 남아서 활약해줄 지원자를 골라내는데 더 주력하기도 한다. 또한 현재 회사에 다니고 있는 직원들 중에 누가 조만간 이직을 할 것인지 파악하는 데도 관심을 기울이고 있다. 미리 예측하면 대응(승진이나 연봉인상 등으로 달랜다든지)할 수 있기 때문이다.

그런데 직원이 조만간 이직을 할지 안 할지를 예측할 수 있을까? 직원의 인터넷 검색 기록을 뒤져 경쟁사 홈페이지나 취업정보사이트 접속기록이 있는지 찾아보는 불법적 개인정보침해식 방법을 사용하지 않으면서도?

가능하다. 기계에게 문제와 답을 알려주고 스스로 공식을 깨우치게 하는 '머신러닝' 방식을 사용하면 된다.

1 우선 기존 직원들의 정보(나이, 성별, 출신학교, 전공, 부서, 연봉 등 회사에서 수집 가능한 모든 데이터)를 모아서 적는다.
2 그리고 그 결과 현재 그 직원이 이직했는지 안 했는지를 표시한다..
3 그 다음 직원 정보와 이직 유무라는 결과 사이에 어떤 관계가 있겠는지를 인공지능에게 공부시킨다.
"이러이러한 직원은 결국 이직했어."
"저러저러한 직원은 이직 안 했어."

즉, 직원들의 정보는 '문제', 이직 유무는 '답'이 되는 것이다. 이렇게 문제(정보)를 알려주고 답(이직 유무)도 알려준 다음, 그 사이에 어떤 규칙이 숨어있는지를 기계가 찾아내게 하면, 기계는 수많은 계산을 거쳐 나름의 공식(각 정보들이 이직에 어떻게 영향을 끼치는지를 종합한)을 만들어낸다. 그러면 이제 그렇게 똑똑해진 기계에게 우리가 앞으로 이직할지 안 할지 궁금한 새로운 직원들의 정보를 알려주면서 결과를 물어보면 되는 것이다.

이 실습을 위해서 우선 인공지능을 공부시킬 기존 직원들에 대한 데이터와, 실제 이직할 직원을 예측해볼 때 필요한 데이터가 필요하다. 본격적인 실습에 들어가기 전 아래의 링크를 통해 데이터를 다운로드 받자. IBM 데이터 과학자가 공개한 데이터셋을 사용하기로 하자.

데이터셋 다운로드

https://bit.ly/이직예측

인터넷 창에 위 주소 입력 후 우상단 아래 방향 화살표 버튼 이용해 다운로드. 가급적 바탕화면에 압축을 풀어야 나중에 찾기 쉽다.

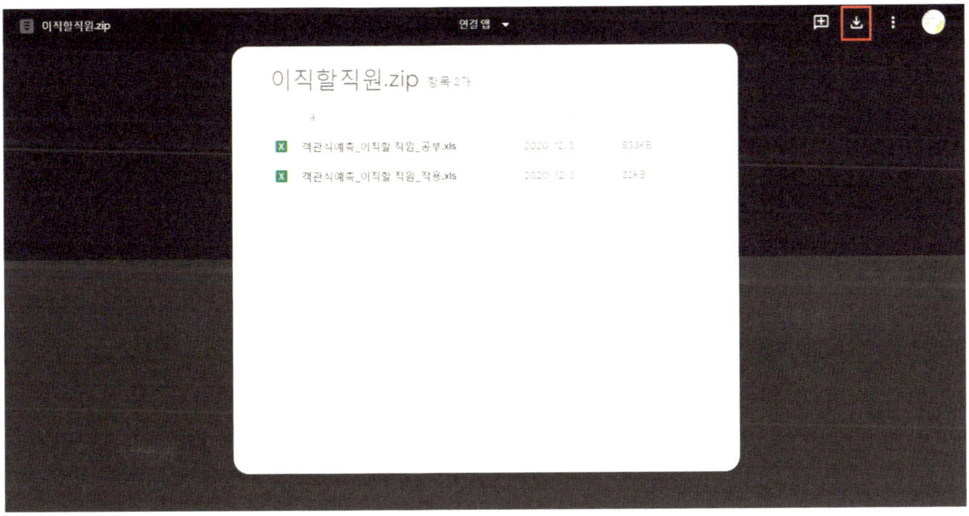

이제 오렌지를 실행해보자. 컴퓨터 바탕화면에 있는 오렌지(Orange) 아이콘을 더블클릭하고 잠시 기다리자.

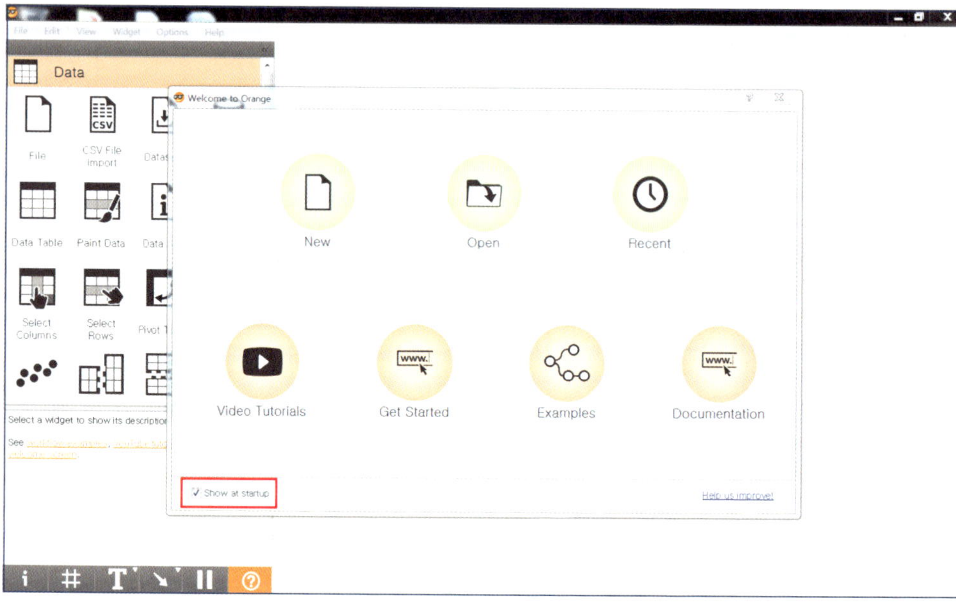

프로그램이 시작되면 Welcome to Orange 라는 창이 뜨는데, 매번 뜨면 번거롭기 때문에, 창 왼쪽 하단에 있는 show at startup 옆 박스에 있는 v자를 클릭해 없애주자. 그러면 다음부터는 이 창이 뜨지 않는다. v자를 없앴으면, New 버튼을 누른다.

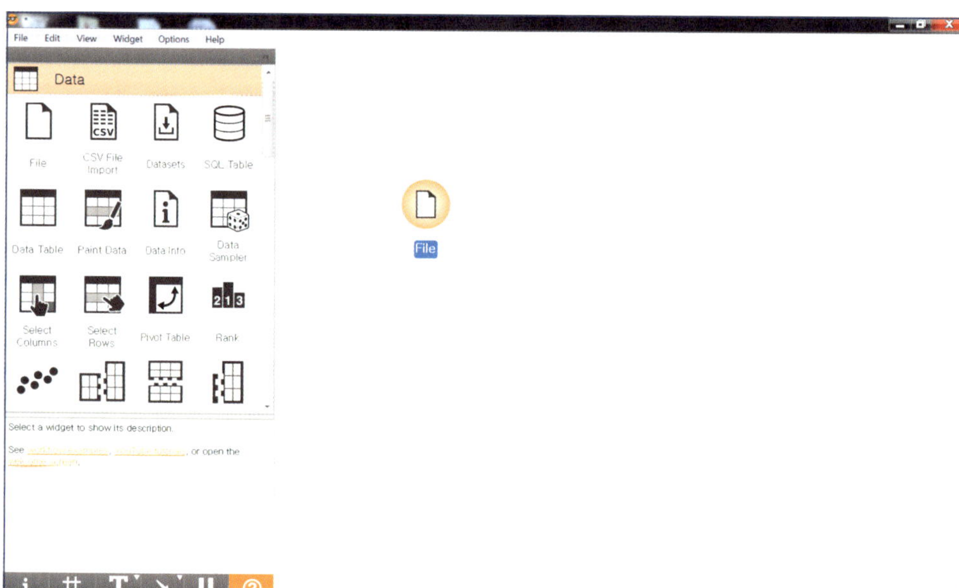

데이터 분석을 하려면 일단 데이터가 있어야 하므로, 데이터를 불러올 준비를 하자. 좌측 메뉴에서 Data 를 클릭한 다음 제일 왼쪽 위에 있는 File을 클릭한다. (또는 화면 오른쪽 빈 바탕에 대고 마우스 왼쪽 버튼을 빠르게 두 번 클릭(더블클릭)한 후 나오는 선택창에서 File을 검색해 클릭해도 된다)

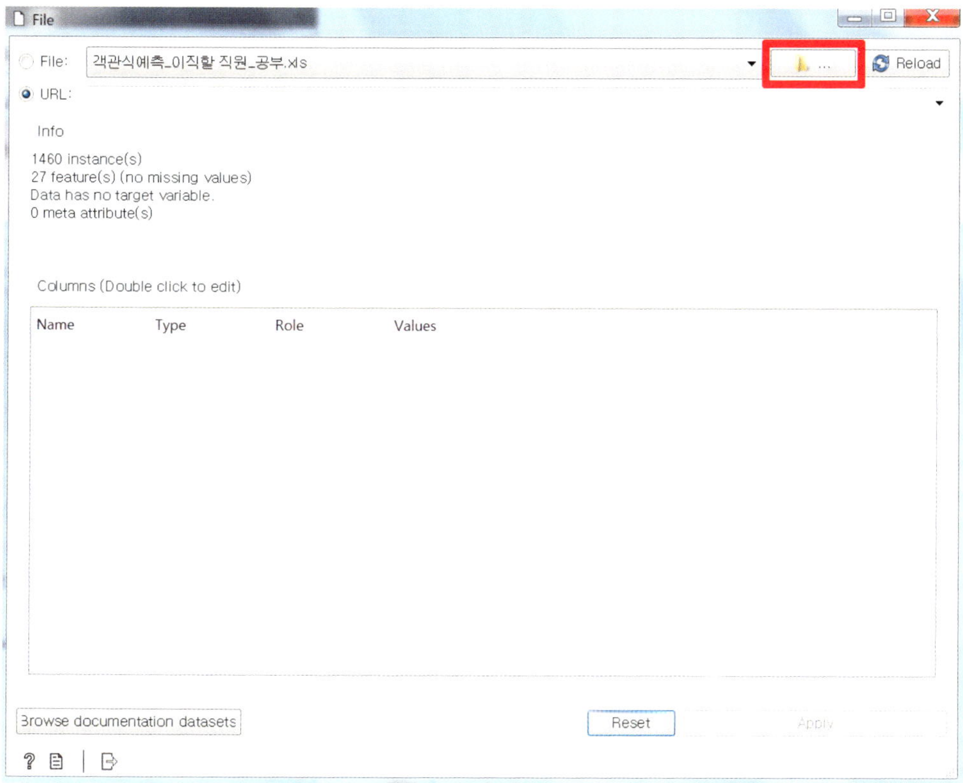

그 다음 File 아이콘을 더블클릭한 다음, 새로 열린 창에서 오른쪽 위 서류모양 폴더 버튼을 클릭하면 내 컴퓨터를 탐색할 수 있는 새 창이 뜬다. 그 창에서 바탕화면으로 이동한 다음, 아까 다운받아서 압축을 풀어둔, '객관식예측_이직할 직원_공부.xls' 파일을 선택한다. 선택 후 오른쪽 아래에 있는 열기 버튼을 클릭한다. (혹은 파일을 직접 더블클릭해도 된다.)

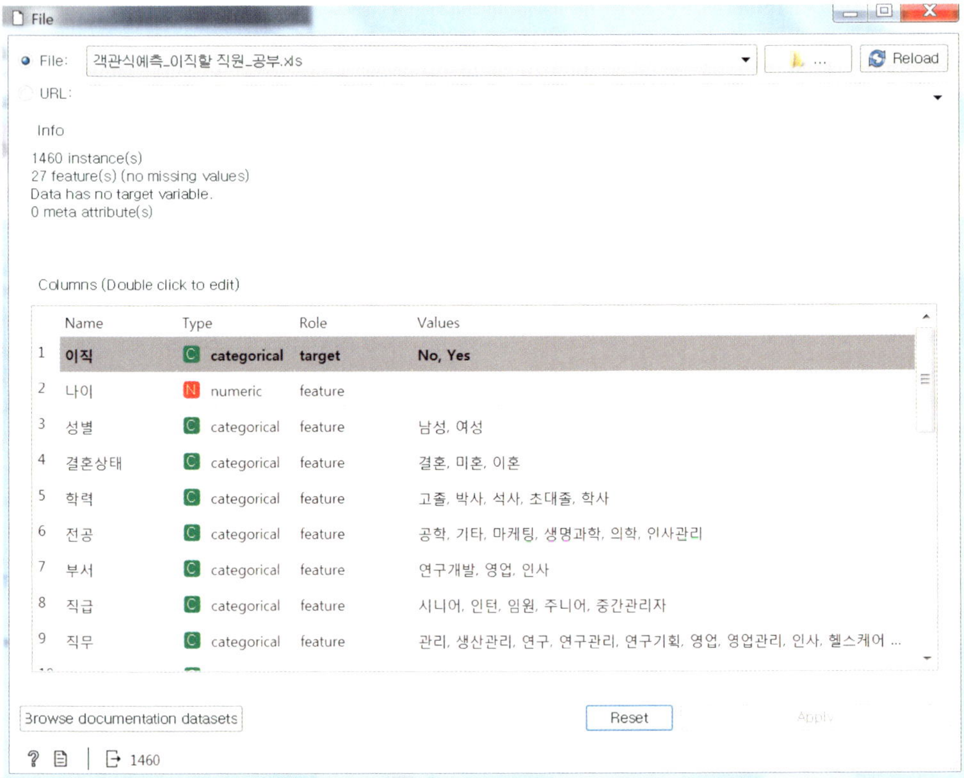

이런 화면이 나오면 성공이다

저 데이터에 포함되어 있는 정보들 예를 들어 이직, 나이, 성별 등등을 변수(variable)라고 한다. 그리고 Name은 변수의 이름, Type은 변수의 유형, Role은 변수의 역할을 의미하며, Value는 변수의 값들이 어떤 것이 있는지를 보여준다.

Name(이름)이야 더 설명할 부분이 없고, Type으로 바로 넘어가자면, 나이나 길이처럼 쭉 이어지는 숫자들을 연속형 변수라고 부르고, 영어로는 Numeric 이라고 표현한다. 반대로 성별(남, 여 등), 결혼상태(결혼, 미혼, 이혼 등) 등 몇 가지 보기로 나눠지는 것들은 범주형 변수라고 부르고 영어로는 Categorical 이라고 표현한다. 화면을 보면 이직은 했다(Yes) 안 했다(No) 중 하나이므로 범주형 Categorical로 되어 있고, 나이는 쭉 이어지는 숫자이므로 연속형 Numeric으로 되어 있는 것을 확인할 수 있다. 만약 Type이 잘못 설정되어 있다면 Numeric 혹은 Categorical 이라고 써져 있는 부분을 클릭(3.27 버전은 한 번 클릭, 3.26

이전 버전은 더블클릭)해서 바꿀 수 있다.

그 다음 Role(역할) 부분을 보면, 이 데이터 분석에 있어서 문제/재료/원인의 역할을 하는 변수들은 Feature라고 표시하고, 답/목적/결과의 역할을 하는 변수는 Target이라고 표시하게 된다. 이 분석에서는 결국 이직을 했는지 안 했는지가 목적이므로, 1번 이직 변수의 Role을 Target으로 설정해주면 된다. 만약 1번 이직의 Role이 Feature로 되어있다면 역시 그 부분을 클릭(혹은 더블클릭)해서 Target으로 바꿔주자. 나머지 변수들은 모두 Feature로 되어야 한다.

모두 맞게 설정했다면 우측 하단 Apply를 클릭한 후 창 우측 상단에 있는 x 자를 눌러서 창을 끈다.

이제 이 데이터들을 공부하고 분석할 인공지능 모델들을 만나보기로 하자. 오렌지 화면 좌측 항목에서 Model을 클릭하면 인공지능 데이터 분석에서 주로 사용되는 유명한 모델들을 확인할 수 있다.

여러 모델들 중 이번 실습에서는 대표적인 아래 4가지 모델을 사용해보기로 하자.

- Neural Network(신경망)
- Random Forest(랜덤 포레스트)
- SVM(서포트 백터 머신)
- Naive Bayes(나이브 베이즈)

(각 모델에 대한 자세한 설명은 복삽하고 어려워서, 독자 여러분들이 구글, 유튜브 검색을 이용해 자습하기로 하고, 이 책에서는 데이터분석 방법에 집중하기로 한다.)

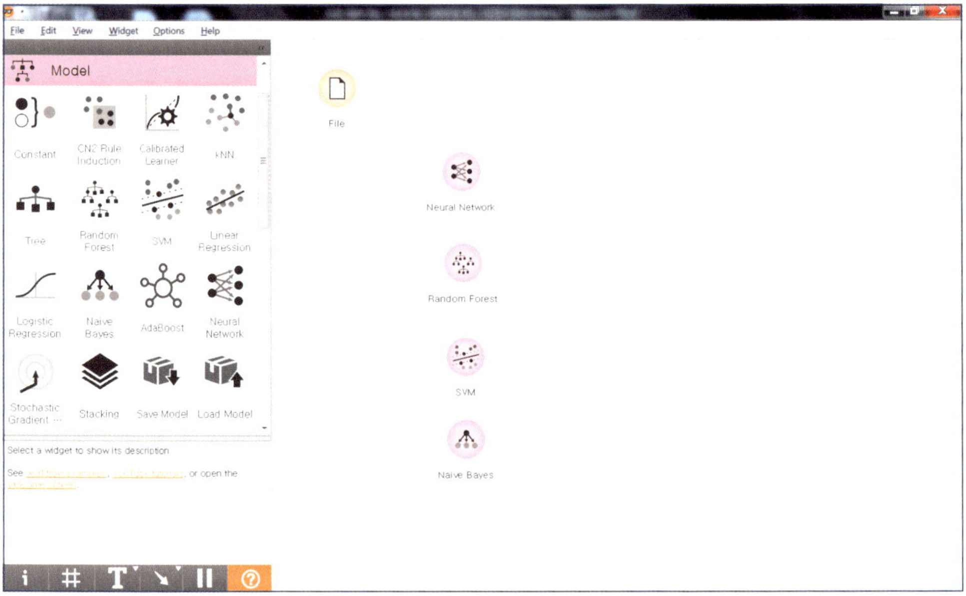

모델을 불러오는 방법은 간단하다. 좌측 Model 항목에서 필요한 모델을 선택해 마우스 왼쪽 버튼을 꾹 누른 채로 오른쪽 화면으로 끌고 오면 된다. 혹은 모델을 가볍게 한 번만 클릭해도 오른쪽 여백으로 옮겨진다.

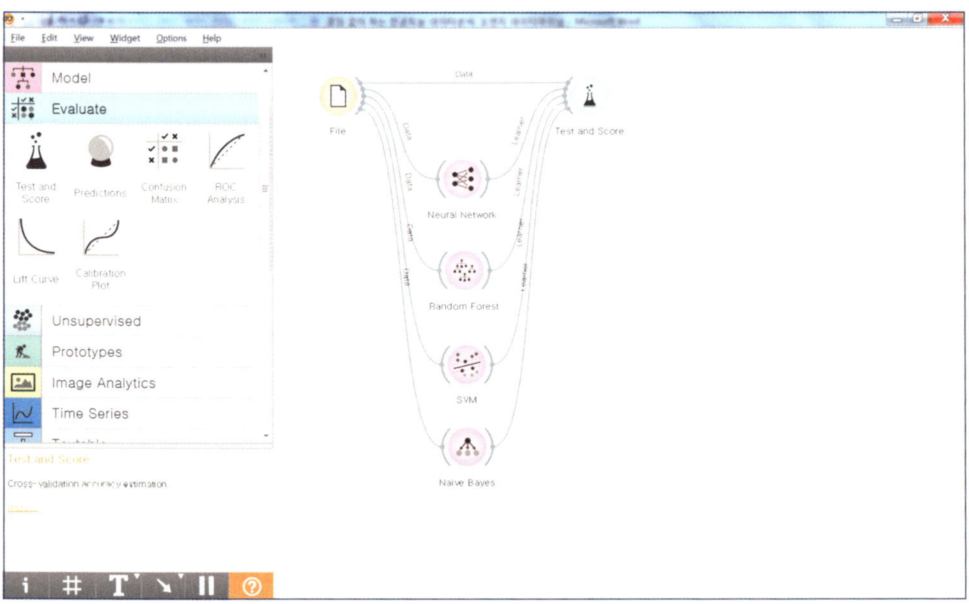

데이터를 학습시킨 결과를 확인하기 위해, File 아이콘 오른쪽에 있는 둥근 점선 부분에 마우스 커서를 올려둔 후, 마우스 왼쪽 버튼을 꾹 누른 채로 오른쪽으로 길게 빼주다, 어느 정도 가면 마우스 왼쪽 버튼에서 손을 떼자. 그러면 다시 아이콘 선택 창이 뜨는데, 거기에서 test 라고 검색해서 Test and Score 기능을 클릭해 불러오자.

그 다음 아까 불러온 모델들을 Test and Score에 연결해주자. File -> 각 모델들 -> Test and Score 이렇게 모두 연결이 되어야 한다. 연결하는 방법은 마찬가지로, 아이콘 오른쪽 둥근 점선부분에 마우스 커서를 올려둔 후, 왼쪽 버튼을 꾹 누른 채로 이어 붙이면 된다.

연결시키면 Test and Score 하단에 Running이라는 말이 뜨면서 일정 시간이 소요되는데, 이는 인공지능이 우리가 입력한 데이터를 학습하는데 걸리는 시간이다. 컴퓨터 성능에 따라 조금씩 시간이 다르게 걸릴 수 있으니, 차분히 기다리자.

잠시 후 학습이 완료되면, Test and Score를 더블클릭해서, 모델의 테스트 결과 즉 성능을 확인할 수 있다.

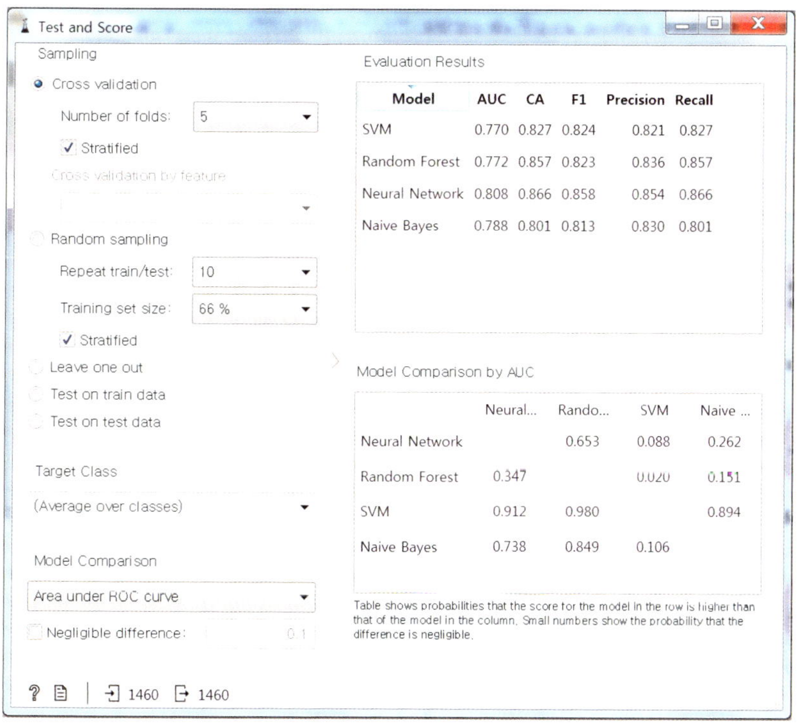

Evaluation Results(성능평가 결과)를 보면 좌측에는 우리가 불러온 모델이 있고, 우측에는 각 모델별 성능지표들을(AUC, CA, F1, Precision, Recall 등) 확인할 수 있다. Recall 글자 오른쪽에 대고 마우스 오른쪽 버튼을 눌러서 LogLoss를 클릭해 그 결과도 함께 나오게 하자.

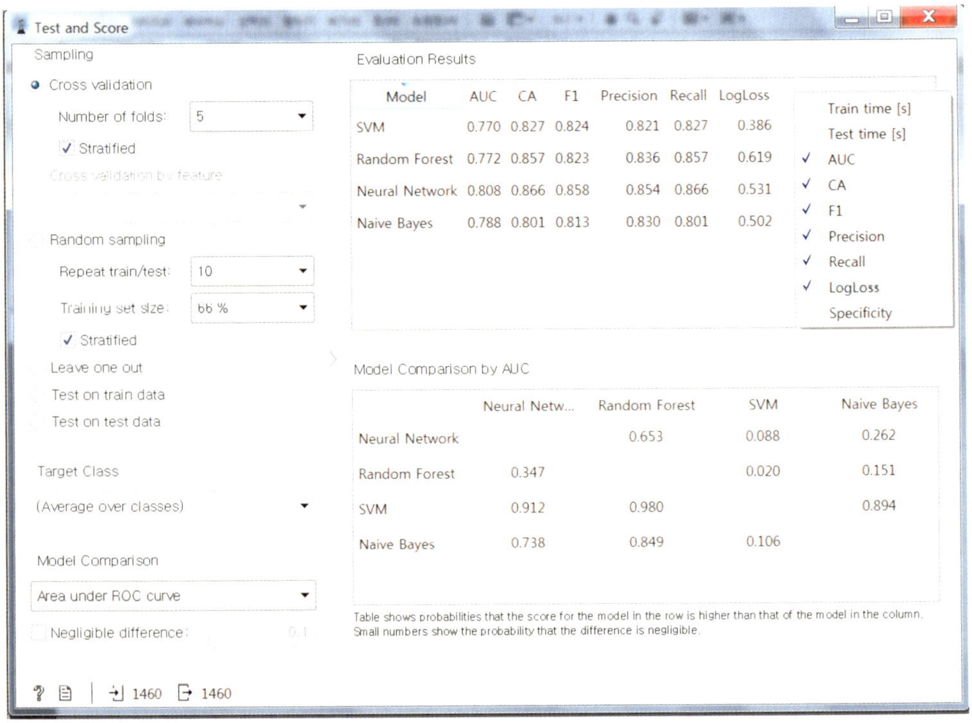

각 지표가 무엇을 뜻하는지는 다음 챕터에서 보다 자세히 설명하기로 하고, 일단 여기서는 F1을 종합평가로 볼 예정이니, F1을 클릭해 높은 순서대로 정렬해보자. 컴퓨터에 따라 숫자가 조금씩 다를 수는 있지만(큰 차이는 아니지만 약간씩 다를 수 있다), 필자의 컴퓨터에서는 Neural Network의 F1값이 0.858로 가장 높았다. 즉, Neural Network가 네 개의 모델 중 가장 정확하게(정확한 표현은 아니지만, 약 85.8% 확률로) 이직할 직원을 예측해낸다고 볼 수 있다.

이제 조금 더 자세하게 예측결과를 들여다보자.

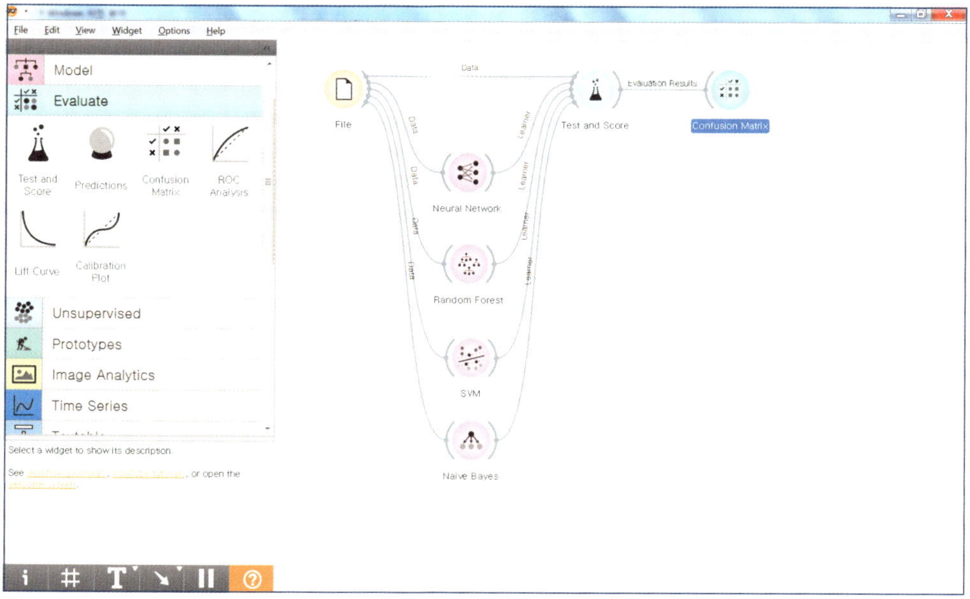

Confusion Matrix를 이용하면 각 모델별 성능을 훨씬 구체적으로 확인할 수 있다. 좌측 항목 Evaluate에서 Confusion Matrix를 클릭하거나, 오른쪽 화면에서 Test and Score 오른쪽 둥근 점선에 마우스 커서를 올려둔 후, 왼쪽 버튼을 꾹 누른 채로 오른쪽으로 약간 뺐다가 버튼에서 손을 떼며, 새로 뜨는 기능선택창에 confusion이라고 입력해 클릭하면 된다.

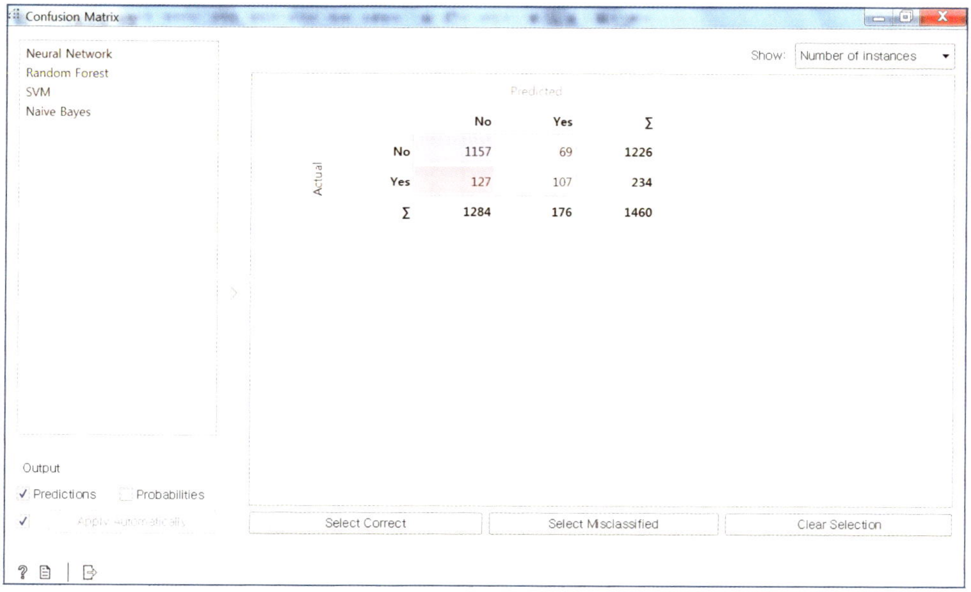

Confusion Matrix를 더블클릭하면 위와 같은 창을 확인할 수 있다. 단순히 각 모델별 예측 정확도를 나타내는 것을 넘어, 구체적으로 어떤 모델이 어떤 경우는 맞혔고 어떤 경우는 틀렸는지 등을 자세히 살펴볼 수 있다. 이에 대한 해석방법도 다음 챕터에서 보다 상세히 살펴보기로 하자.

여기까지 했으면 이제 인공지능에게 기존 직원들의 데이터를 가지고 직원정보와 이직 간의 상관관계를 공부시키고 예측모델까지 만들어보는 과정이 끝난 것이다. 그러면 이제 아직 결과를 알 수 없는 그리고 그 결과가 궁금한 직원들의 정보를 인공지능에게 보여주면서, 앞으로 어떻게 될 것인지(즉, 이직을 할 것인지 안 할 것인지) 물어볼 수 있다.

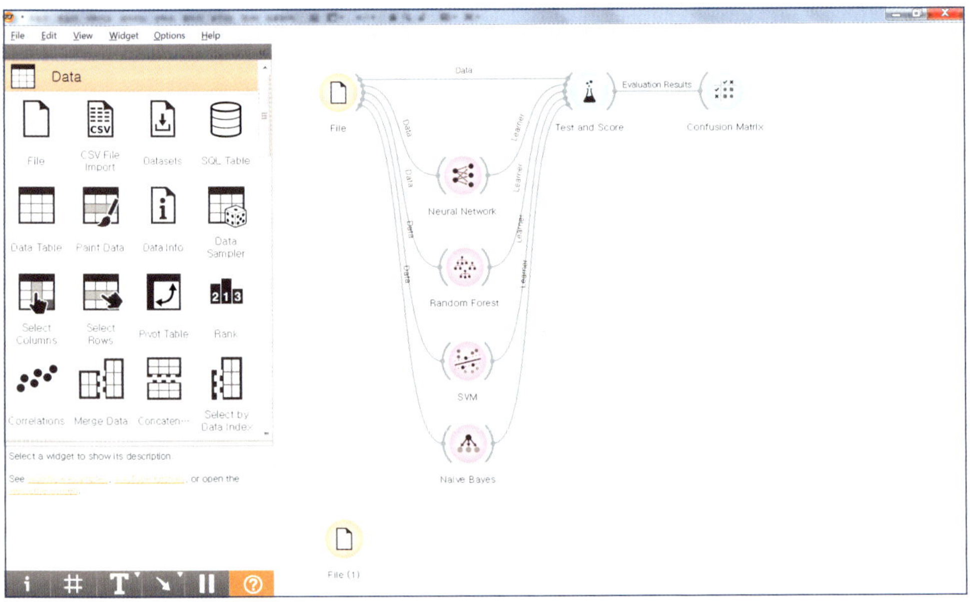

기존 화면 아래쪽에 마우스 커서를 둔 후 더블클릭해서 다시 File 기능을 불러오자. 그리고 이번에는 이직 여부를 예측하고 싶은 직원들의 데이터셋(객관식예측_이직할 직원_적용.xlsx)을 불러오자. 이 엑셀파일에는 아까 학습 때 사용한 파일과 동일하게 직원들의 정보 항목이 채워져 있지만, 이직 항목에는 아무 답이 입력되어 있지 않다는 차이점이 있다. 공부(학습)를 시키는 데이터셋에는 결과가 입력되어 있어야 하지만, 이렇게 실제로 예측을 하는 데이터셋에는 결과가 비어있어야 한다.

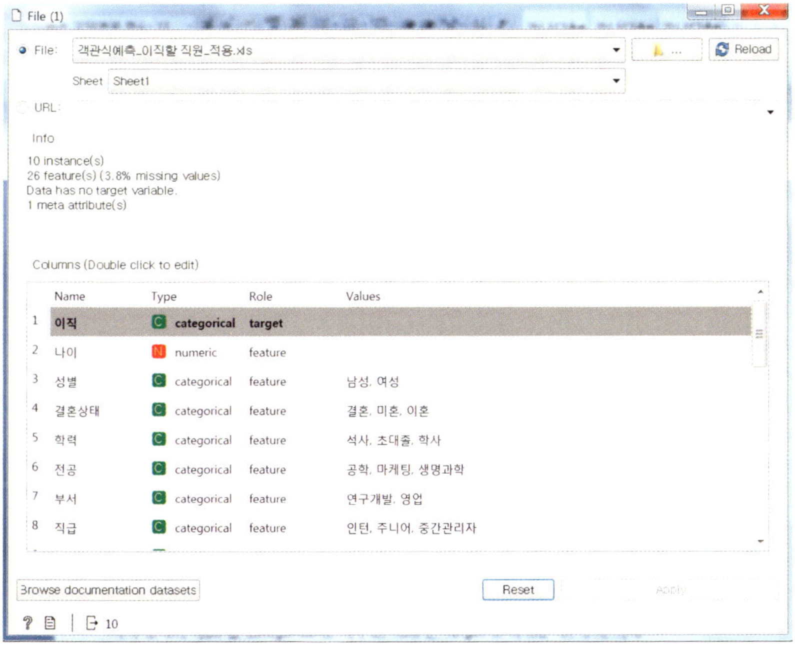

이직 항목의 Type을 Categorical로 바꾸고, Role은 Target로 바꿔준 후, 우측 아래에 있는 Apply를 누르고, 우상단 x자를 눌러 창을 닫아주자.

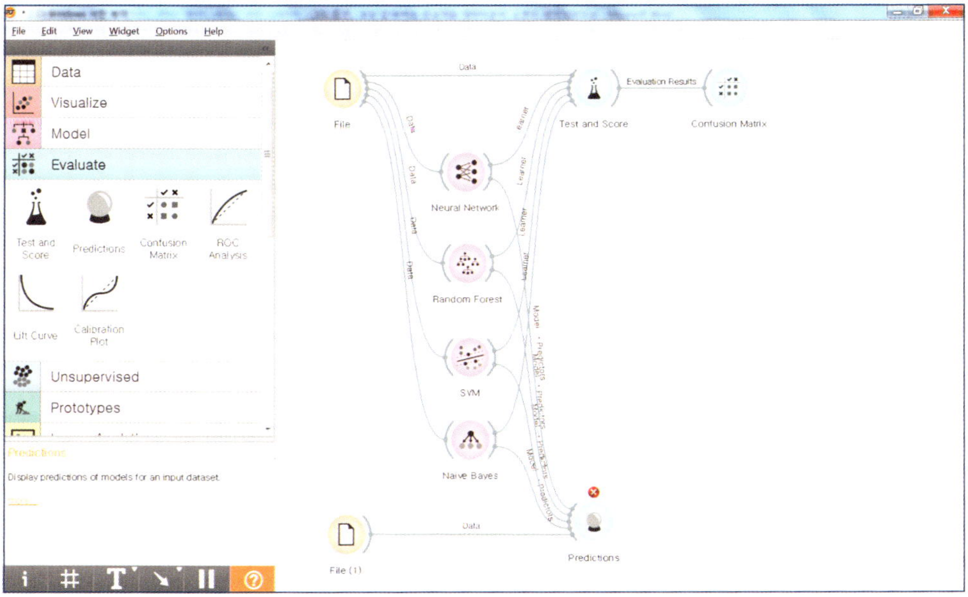

좌측 항목 Evaluate에서 Predictions를 클릭해 오른쪽 화면에 불러온 후, 모델들과 예측할 자료를 Predictions와 연결시킨다. 또는 새로 부른 File 오른쪽 둥근 점선에 마우스 커서를 두고, 왼쪽 버튼을 꾹 누른 상태로 오른쪽으로 끌어당긴 후 버튼에서 손을 때고, 선택창에서 predictions를 검색해 클릭해도 된다.

위에서 학습시킨 모델들 -> Predictions, 그리고 아래 새로 부른 File -> Predictions 이렇게 연결시키면, 미리 학습한 내용을 토대로 인공지능 모델들이 새로운 직원들의 이직 여부를 예측하게 된다. 이번 작업은 아까 학습(공부)때처럼 시간이 많이 걸리진 않는다. 다 끝나면 Predictions를 더블클릭해 예측 결과를 확인할 수 있다. 혹시 Predictions 위에 x자가 뜨더라도 더블클릭해서 예측값이 나오기만 하면 별 문제는 없다.

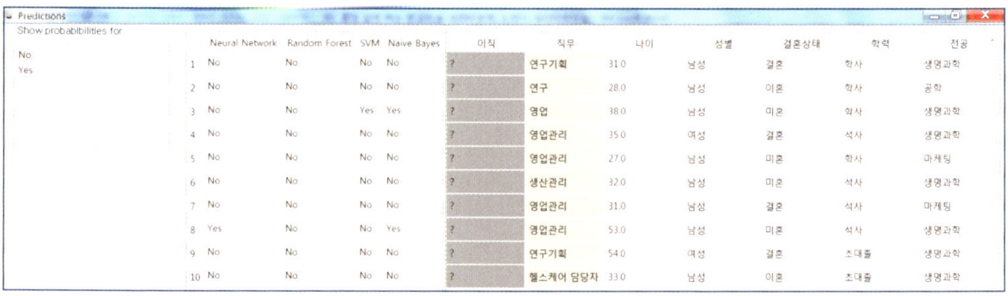

	Neural Network	Random Forest	SVM	Naive Bayes	이직	직무	나이	성별	결혼상태	학력	전공
1	No	No	No	No	?	연구기획	31.0	남성	결혼	학사	생명과학
2	No	No	No	No	?	연구	28.0	남성	이혼	학사	공학
3	No	No	Yes	Yes	?	영업	38.0	남성	미혼	학사	생명과학
4	No	No	No	No	?	영업관리	35.0	여성	결혼	석사	생명과학
5	No	No	No	No	?	영업관리	27.0	남성	미혼	학사	마케팅
6	No	No	No	No	?	생산관리	32.0	남성	미혼	석사	생명과학
7	No	No	No	No	?	영업관리	31.0	남성	결혼	석사	마케팅
8	Yes	No	No	Yes	?	영업관리	53.0	남성	미혼	석사	생명과학
9	No	No	No	No	?	연구기획	54.0	여성	결혼	초대졸	생명과학
10	No	No	No	No	?	헬스케어 담당자	33.0	남성	이혼	초대졸	생명과학

1번과 2번 직원에 대해서는 4개 모델 모두가 No 즉 이직하지 않을 것으로 예측했다. 3번 직원은 의견이 엇갈렸다. Neural Network와 Random Forest는 No라고 예측했지만, SVM과 Naive Bayes는 Yes 즉 이직할 것으로 예측했다. 이런 식으로 의견이 엇갈릴 때는 조금 더 자세히 상황을 들여다볼 필요가 있다.

좌측 상단에 있는 Show Probabilities for 는 Yes No 각각의 확률을 몇 %로 보고 있는지 알려주는 기능이다. Yes를 클릭하면 각 모델들이 각 직원들에 대해 Yes 즉 이직할 확률을 몇 %로 계산했는지 확인할 수 있다.

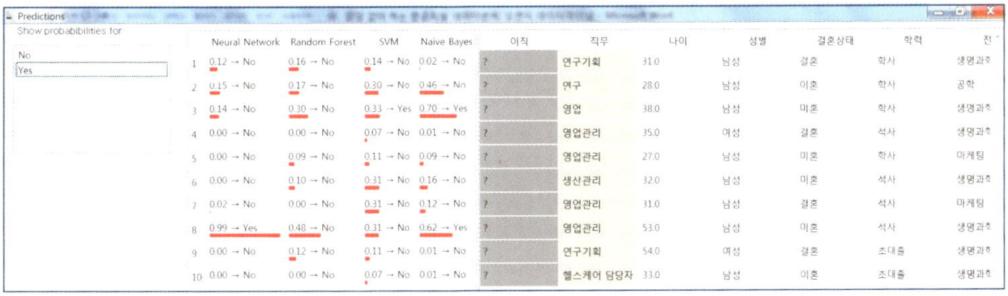
Predictions
Show probabibilities for
No
Yes

	Neural Network	Random Forest	SVM	Naive Bayes	이직	직무	나이	성별	결혼상태	학력	전
1	0.12 → No	0.16 → No	0.14 → No	0.02 → No	?	연구기획	31.0	남성	결혼	학사	생명과학
2	0.15 → No	0.17 → No	0.30 → No	0.46 → No	?	연구	28.0	남성	이혼	학사	공학
3	0.14 → No	0.30 → No	0.33 → Yes	0.70 → Yes	?	영업	38.0	남성	미혼	학사	생명과학
4	0.00 → No	0.00 → No	0.07 → No	0.01 → No	?	영업관리	35.0	여성	결혼	석사	생명과학
5	0.00 → No	0.09 → No	0.11 → No	0.09 → No	?	영업관리	27.0	남성	미혼	학사	마케팅
6	0.00 → No	0.10 → No	0.31 → No	0.16 → No	?	생산관리	32.0	남성	미혼	석사	생명과학
7	0.02 → No	0.00 → No	0.31 → No	0.12 → No	?	영업관리	31.0	남성	결혼	석사	마케팅
8	0.99 → Yes	0.48 → No	0.31 → No	0.62 → Yes	?	영업관리	53.0	남성	미혼	석사	생명과학
9	0.00 → No	0.12 → No	0.11 → No	0.01 → No	?	연구기획	54.0	여성	결혼	초대졸	생명과학
10	0.00 → No	0.00 → No	0.07 → No	0.01 → No	?	헬스케어 담당자	33.0	남성	이혼	초대졸	생명과학

Yes를 클릭해보면 각 모델들이 각 직원들의 이직 확률을 계산한 값을 볼 수 있는데, 예를 들어 1번 직원에 대해 Neural Network는 이직할 확률이 0.12 즉 12%이기 때문에 50% 미만이어서 No 즉 이직을 안 할 것으로 예측했다는 사실을 알 수 있다.

단, 이 결과화면에서는 가끔 버그로 보이는 증상들이 발견된다. 예를 들어 위 화면에서 3번 직원에 대해 SVM이 계산한 Yes 즉 이직할 확률은 0.33으로 33%인데, 이 경우 50% 미만이므로 No라고 예측해야 하지만 Yes라고 잘못 예측한 것을 알 수 있다. 버그일 것으로 보인다.

아무튼 이런 식으로 인공지능 모델들을 공부(학습)시키고, 실제 미래도 예측해볼 수 있다.

2) CT 사진으로 암 진단하기

객관식 예측 Classification은 엑셀과 같은 데이터가 아니라 이미지로 되어있는 자료에도 사용될 수 있다. 다음은 병원에서 많이 사용하는 CT 사진이다.

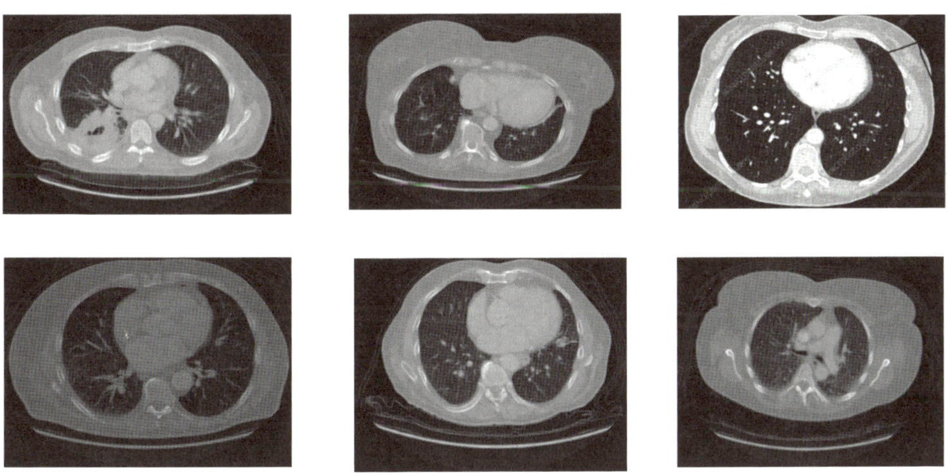

이 CT 사진 중에는 암 환자도 있고 아닌 사람도 있다. 혹시 이 사진을 보고 어떤 사진이 암이고 어떤 사진이 아닌지 구분할 수 있는가? 의학 공부를 했다면 가능하겠지만, 그렇지 않은 상태에서는 당연히 짐작하기가 쉽지 않을 것이다.

이런 사진을 구분할 때도 인공지능을 사용할 수 있다. 즉 CT 사진으로 암을 진단하는 것도 가능하다는 것이다. 심지어는 지금 우리가 사용하고 있는 오렌지 프로그램에서도 가능하다. 어떻게 하면 될까?

간단하다. 앞서 한 실습처럼, 인공지능에게 CT사진(문제)들을 보여주고, 각 사진별로 암 질환 여부 및 종류(정답)을 알려주면서 학습(공부)을 시키는 것이다. 그러면 인공지능은 의학에 대한 지식은 없지만, 그냥 그림만으로도 암인지 아닌지, 암이라면 어떤 암인지 등을 예측하기 시작한다.

우선 아래의 주소를 인터넷 창에 입력해서 실습에 필요한 데이터셋(CT사진)을 다운로드 받자.

데이터셋 다운로드
https://bit.ly/암진단

다운받은 후 바탕화면에 풀어두면 나중에 찾기 쉽다

다 다운받고 바탕화면에 압축을 잘 풀어뒀다면, 이제 오렌지를 실행하자.

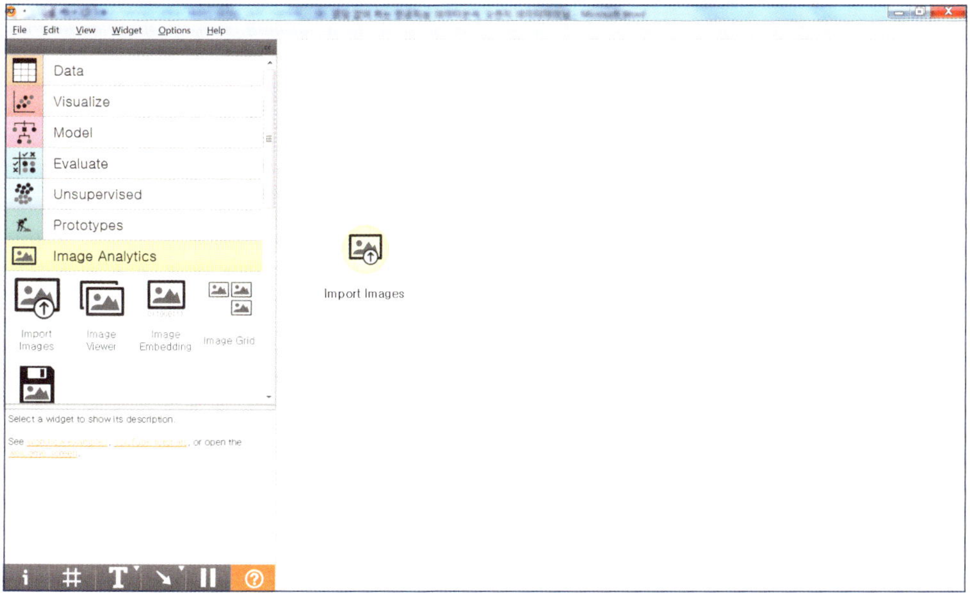

데이터 분석을 할 때는 항상 데이터를 가장 먼저 불러와야 하는데, 이번에 사용할 데이터는 엑셀파일이 아니고 이미지(CT 사진)이다. 그러므로 File 대신 이미지를 불러오는 기능을 사용해야 한다. 좌측 메뉴 중 Image Analytics를 클릭한 후 Import Images를 선택해 오른쪽에 불러온다. (또는 오른쪽 여백 화면을 더블클릭해 선택창을 부른 후 import images 검색 후 클릭해도 된다)

만약 Image Analytics 메뉴가 안 나온다면, 추가기능(확장팩, add-ons)을 설치하지 않은 것이므로, Part 1, 3장을 참고해 확장팩을 설치하고 돌아오자.

이제 Import Images를 더블클릭해서 학습에 필요한 데이터(CT 사진)를 불러오자.

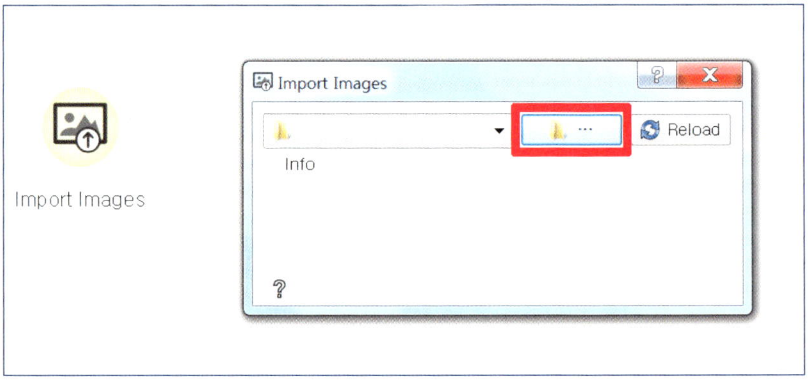

아까처럼 서류모양을 클릭해서 내컴퓨터 창을 연 다음, 바탕화면에 풀어두었을 암진난 폴더를 찾아가면 된다. 암진단 폴더를 찾아서 더블클릭하면 그 안에 공부(학습), 테스트(시험) 두 개 폴더가 있는데, 일단 공부를 먼저 시켜야 하므로, 공부(학습)을 선택한다.

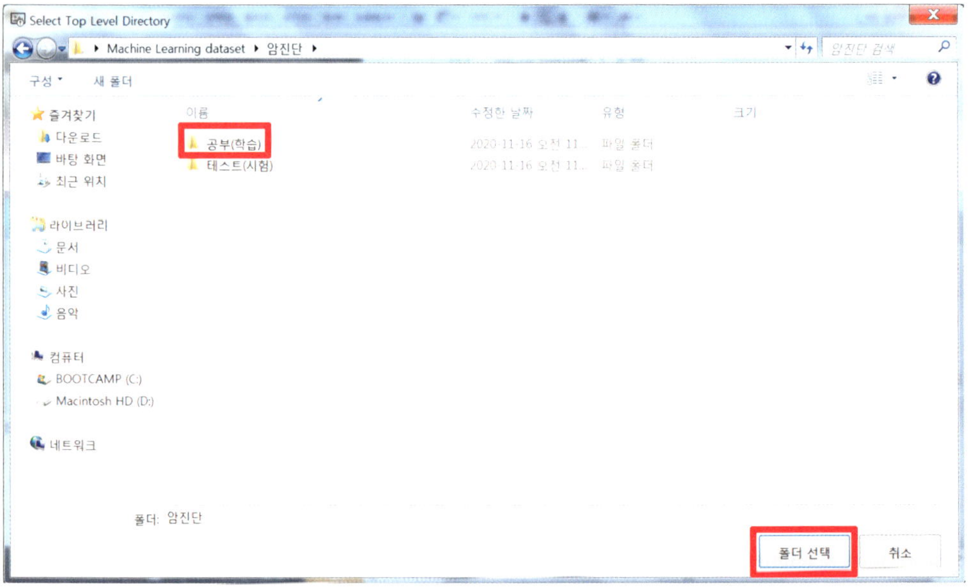

공부(학습)을 한 번 클릭한 후(더블클릭 아님) 오른쪽 아래에 있는 폴더 선택을 눌러준다.

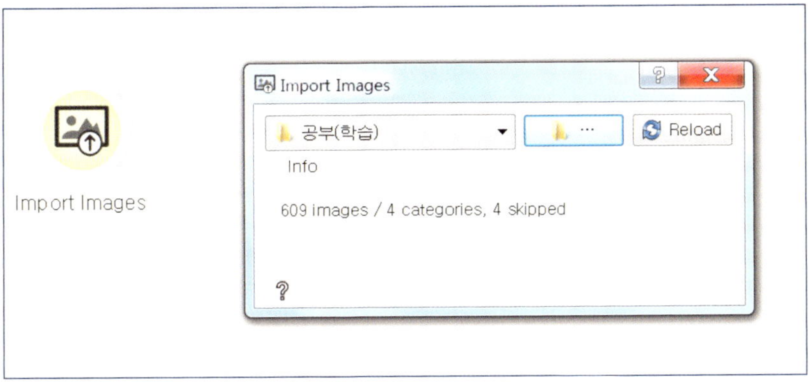

이런 식으로 609장의 사진이 불러와졌으면 성공이다. 이제 오른쪽 위 x자를 눌러 창을 끄자.

참고로 공부(학습) 폴더를 더블클릭하면, 그 안에 대세포암, 선암, 편평상피암, 정상 이렇게 네 개 폴더가 있는 걸 볼 수 있다. 그리고 각 폴더 안에는 그에 해당하는 CT 사진들이 들어 있다. 지금 하고 있는 객관식 예측 Classification 분석의 경우, 인공지능을 공부시킬 때 이름표(정답)를 달아줘야 하는데, 오렌지에서는 이미지 Classification의 경우 이렇게 폴더명을 이름표로 인식한다. 정답 이름으로 폴더를 만들고, 그 안에 해당 이미지를 집어넣으면, 그 이미지들은 모두 그 이름표가 붙은 것으로 알아듣는다는 뜻이다.

자, 이제 분석할 준비가 되었지만, 사실 문제가 하나 있다. 지금 우리는 CT 사진을 분석하려 하고 있는데, 컴퓨터는 이미지를 읽을 수 없기 때문이다. 엑셀로 되어 있는 숫자는 아주 잘 읽고 계산도 잘하지만, 이미지는 바로 읽을 수가 없어서, 컴퓨터가 이해할 수 있는 형태로 바꿔줄 필요가 있다. 이걸 임베딩(embedding)이라고 한다.

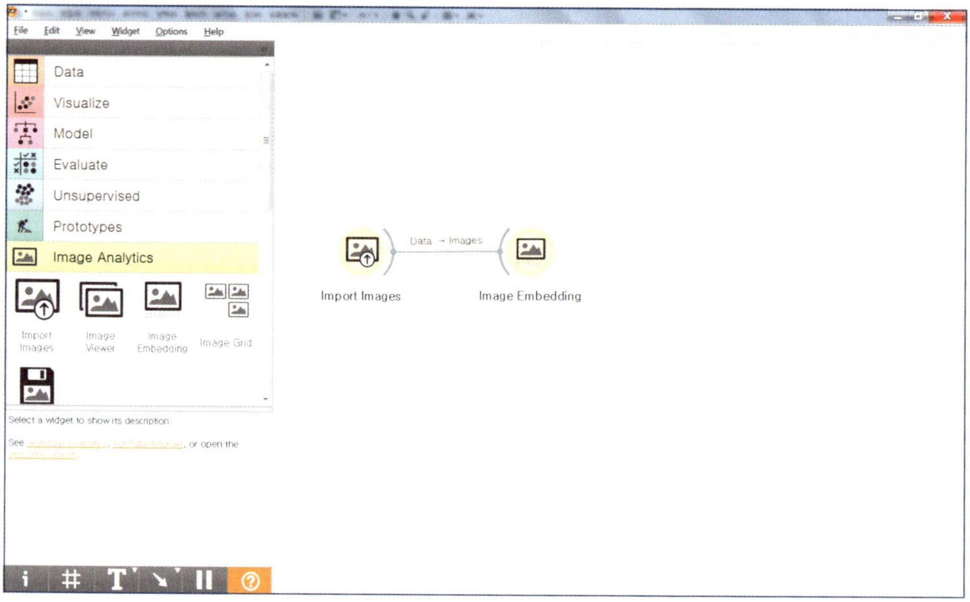

좌측 메뉴 Image Analytics 중 Image Embedding을 클릭해 오른쪽 화면에 추가한 후, Import Images와 연결해준다.

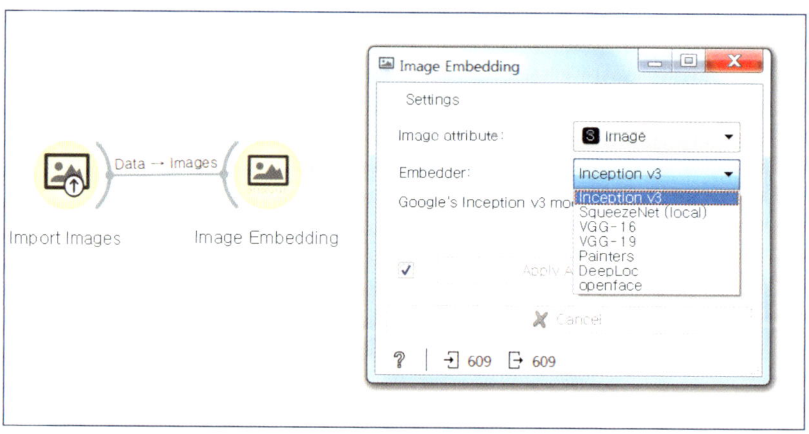

Image Embedding을 더블클릭해보면 지금 우리가 사용하는 Embedder에 대한 정보가 나온다. 구글의 Inception v3라는 우수한 모델이 기본으로 설정되어 있는데, 그 외에도 가볍고 속도도 빠르지만 준수한 성능을 보여주는 SqueezNet, 옥스포드대 연구팀이 제공하

는 VGG, 그림 분석에 탁월한 Painters, 세포사진 등 과학사진 분석에 적합한 DeepLoc, 사람얼굴 분석에 좋은 openface 등 다양한 Embedder를 사용할 수 있다. 특별한 경우가 아니면 기본세팅인 Inception v3를 사용하는 게 무난한다. 확인을 마쳤으면 오른쪽 위 x자를 눌러 창을 닫자.

그런데 궁금한 게 생긴다. Embedding 이라는 건 대체 뭘까? 그걸 하면 뭐가 달라지는 걸까?

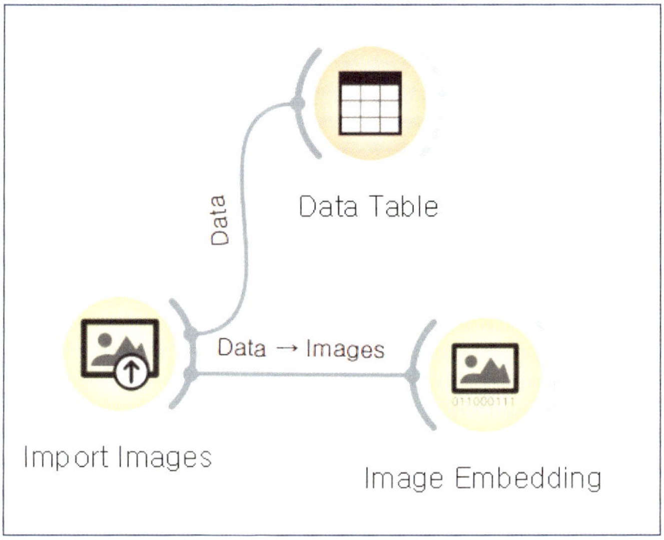

알아보기 위해 Import Images(즉 Embedding을 하기 전 이미지들) 오른쪽에 마우스 커서를 올려둔 후 왼쪽 버튼을 꾹 눌러 위쪽으로 선을 그어보자. 그리고 버튼에서 손을 뗀 후 선택창에서 Data Table을 불러보자. Data Table을 더블클릭하면 지금 불러온 이미지 파일들에 대한 기본 정보(크기, 너비, 높이 등)가 나온다.

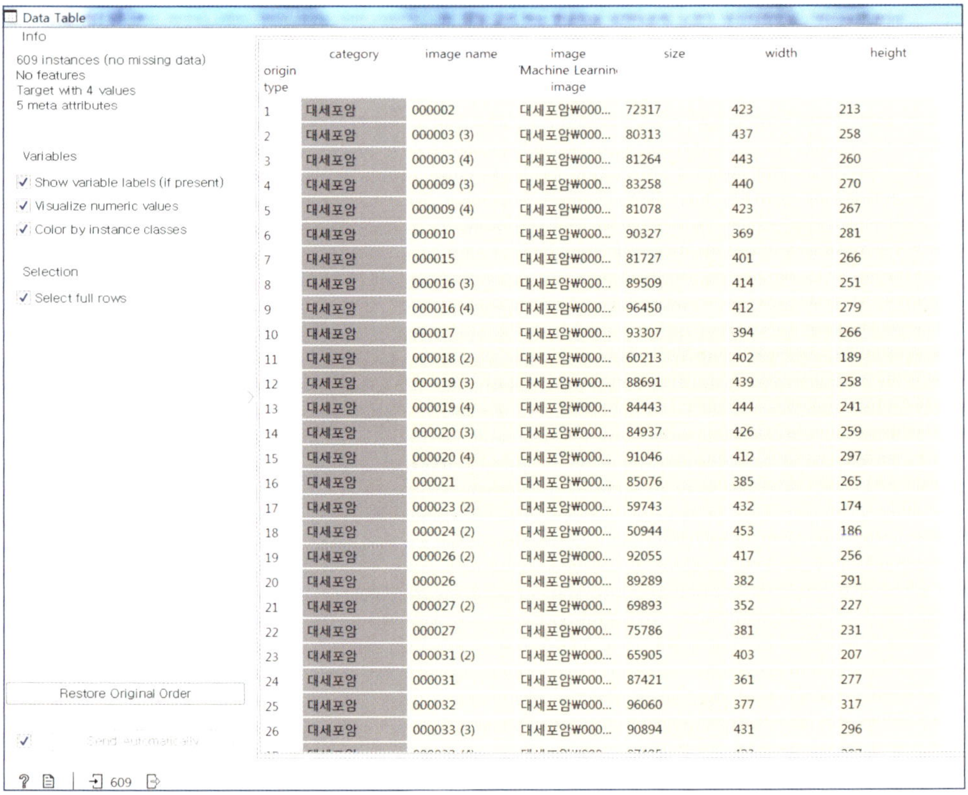

origin type	category	image name	image Machine Learning image	size	width	height
1	대세포암	000002	대세포암₩000...	72317	423	213
2	대세포암	000003 (3)	대세포암₩000...	80313	437	258
3	대세포암	000003 (4)	대세포암₩000...	81264	443	260
4	대세포암	000009 (3)	대세포암₩000...	83258	440	270
5	대세포암	000009 (4)	대세포암₩000...	81078	423	267
6	대세포암	000010	대세포암₩000...	90327	369	281
7	대세포암	000015	대세포암₩000...	81727	401	266
8	대세포암	000016 (3)	대세포암₩000...	89509	414	251
9	대세포암	000016 (4)	대세포암₩000...	96450	412	279
10	대세포암	000017	대세포암₩000...	93307	394	266
11	대세포암	000018 (2)	대세포암₩000...	60213	402	189
12	대세포암	000019 (3)	대세포암₩000...	88691	439	258
13	대세포암	000019 (4)	대세포암₩000...	84443	444	241
14	대세포암	000020 (3)	대세포암₩000...	84937	426	259
15	대세포암	000020 (4)	대세포암₩000...	91046	412	297
16	대세포암	000021	대세포암₩000...	85076	385	265
17	대세포암	000023 (2)	대세포암₩000...	59743	432	174
18	대세포암	000024 (2)	대세포암₩000...	50944	453	186
19	대세포암	000026 (2)	대세포암₩000...	92055	417	256
20	대세포암	000026	대세포암₩000...	89289	382	291
21	대세포암	000027 (2)	대세포암₩000...	69893	352	227
22	대세포암	000027	대세포암₩000...	75786	381	231
23	대세포암	000031 (2)	대세포암₩000...	65905	403	207
24	대세포암	000031	대세포암₩000...	87421	361	277
25	대세포암	000032	대세포암₩000...	96060	377	317
26	대세포암	000033 (3)	대세포암₩000...	90894	431	296

이번에는 Embedding 오른쪽에 마우스 커서를 올려두고 왼쪽 버튼을 길게 누른 채로 선을 그어, Data Table을 불러오자.

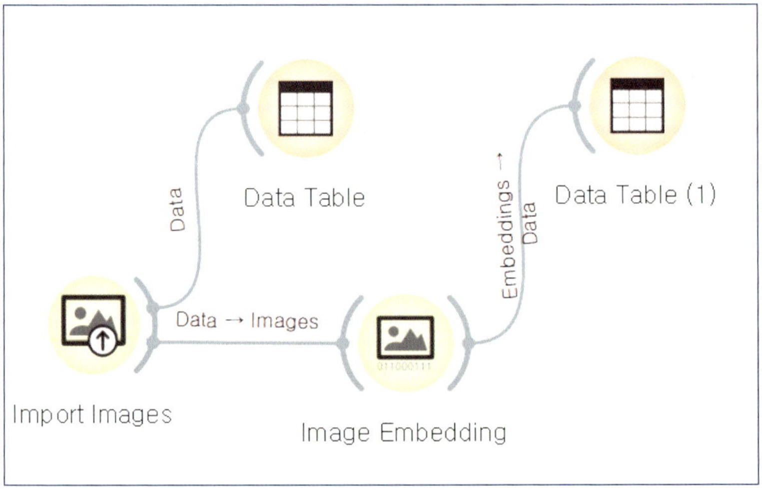

그리고 새로 부른 Data Table도 더블클릭해서 열어보면, 아까와 다른 신기한 장면이 펼쳐진다.

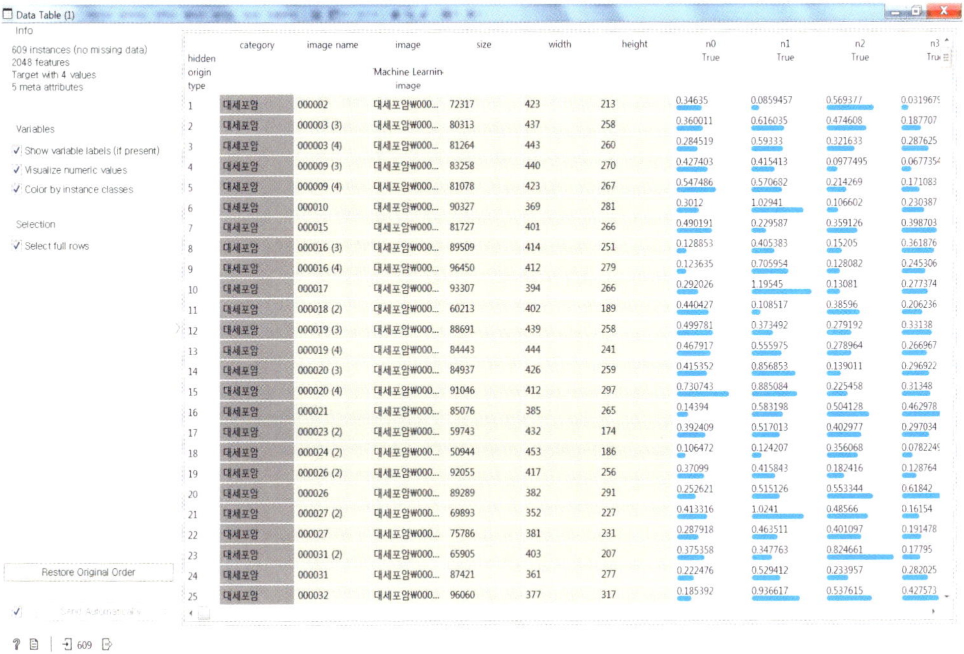

이미지 파일의 기본정보 외에 오른쪽에 n0, n1, n2...n2047까지 새로운 열이 생겼고, 그 안에는 알아볼 수 없는 숫자들이 적혀있다. 우리는 이해할 수 없지만 컴퓨터는 저런 식으로 이미지 정보를 정리해야 잘 알아보고 분석할 수 있다.

이제 사용할 인공지능 모델들을 불러오자.

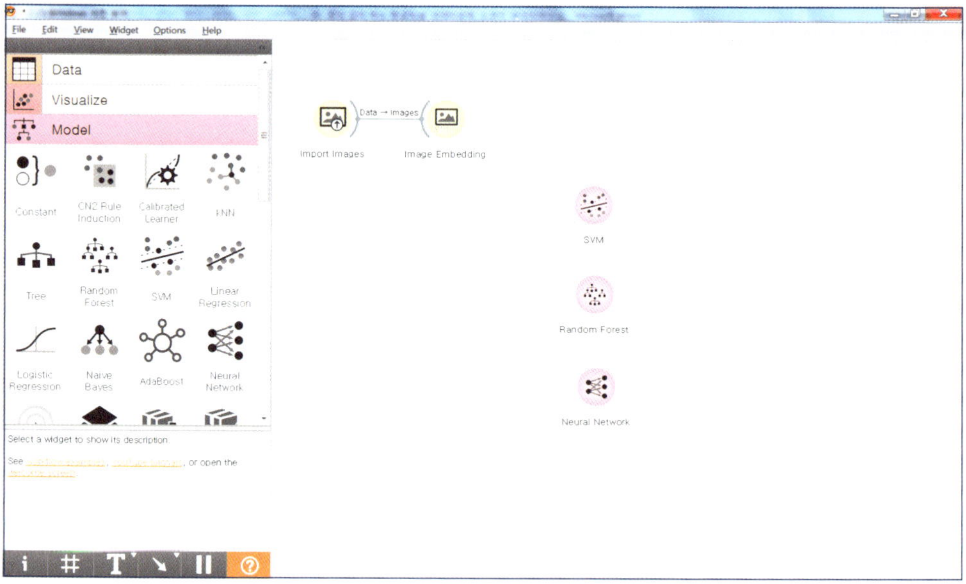

이번에는 아래 세 개 모델을 사용해보도록 하자.

- SVM(서포트벡터머신)
- Random Forest(랜덤 포레스트)
- Neural Network(신경망)

아까처럼 왼쪽 Model 메뉴에서 찾아 클릭하거나, 꾹 눌러서 오른쪽 화면으로 끌고 오자.

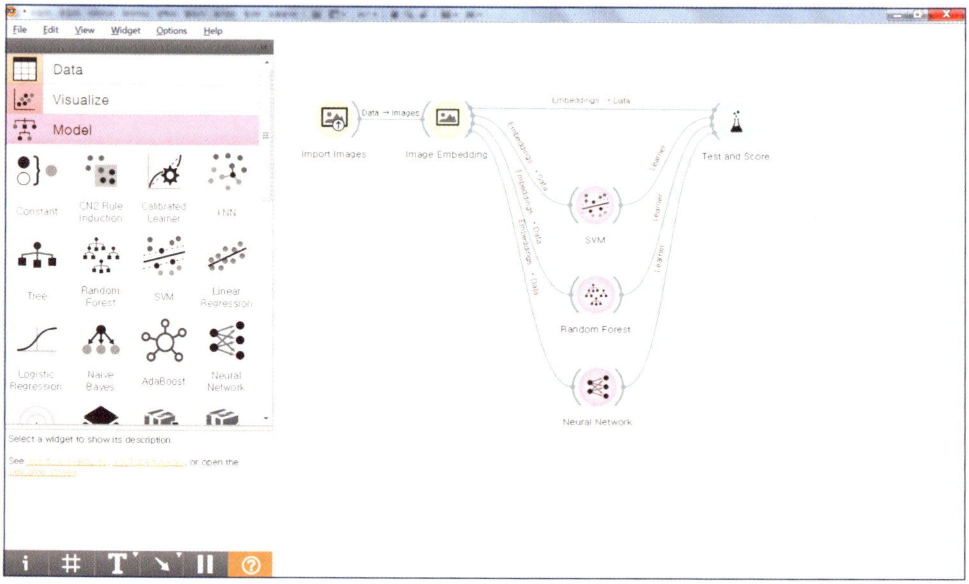

그리고 Test and Score를 불러온 후, Image Embedding -> Test and Score, Image Embedding -> 각 모델들, 각 모델들 -> Test and Score 이렇게 선을 연결해주자. 그럼 Test and Score 주위로 원이 돌아가면서 인공지능 모델들이 열심히 계산하고 공부한다. 계산이 끝나면 Test and Score를 더블클릭해보자.

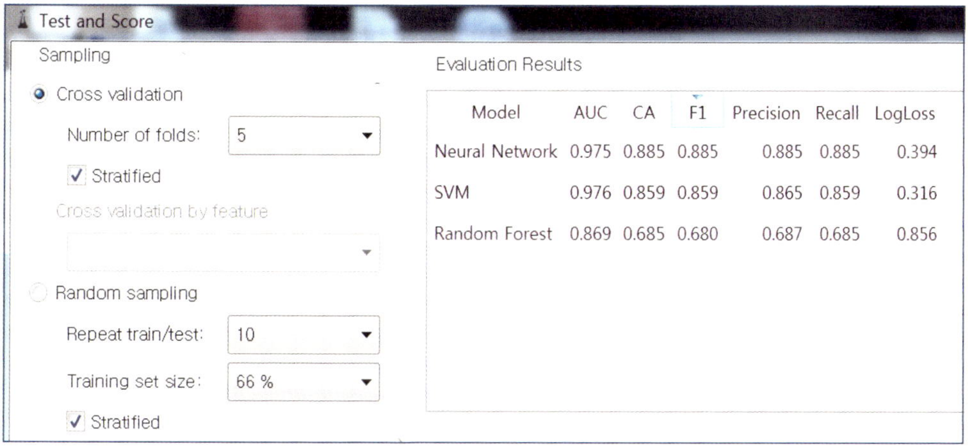

앞서 한 실습 때처럼 F1값을 통해 각 모델들의 학습 성능을 판단해보면, Neural Network이 0.885로 가장 우수하고, SVM이 그 다음(0.859), Random Forest가 가장 저조(0.680)하게 나왔다. 참고로 저 성적은 4지선다(대세포암, 선암, 편평상피암, 정상) 객관식 예측의 결과이고, 같은 데이터를 이용해 그냥 암인지 아닌지만 진단하는 거였다면 거의 100% 가까운 성능이 나온다.

이제 인공지능 모델들을 충분히 공부시켰으니, 실전 예측을 해보자.

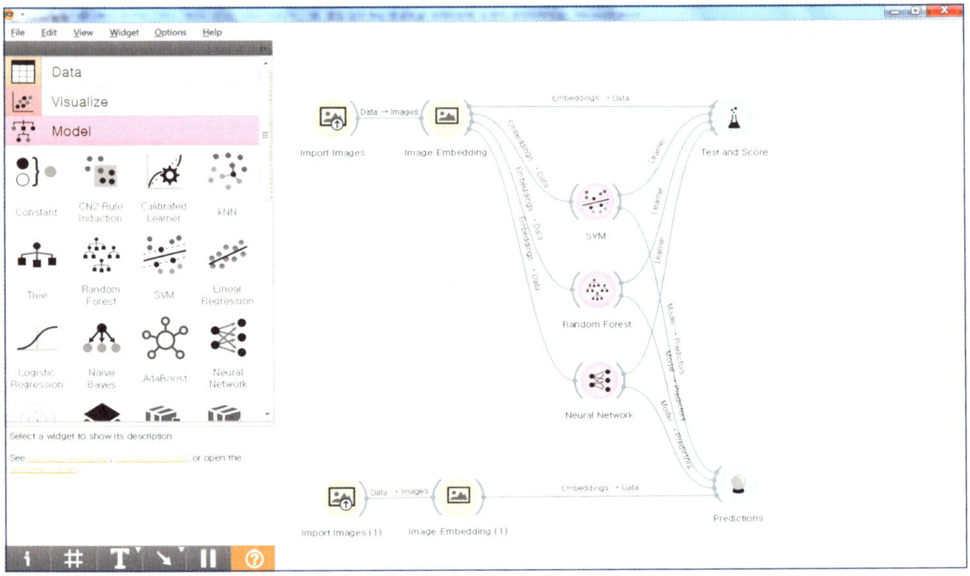

방금 학습용 데이터를 불러온 것과 동일한 방식으로, Import Images를 통해 실습용 데이터(테스트(시험) 폴더)를 불러온 뒤, Image Embedding을 해주자. 그리고 Prediction을 불러와, 변환된 데이터와 앞서 공부시킨 모델들로부터 연결시킨다.

계산이 끝나면, Prediction을 더블클릭해 예측값을 확인할 수 있다.

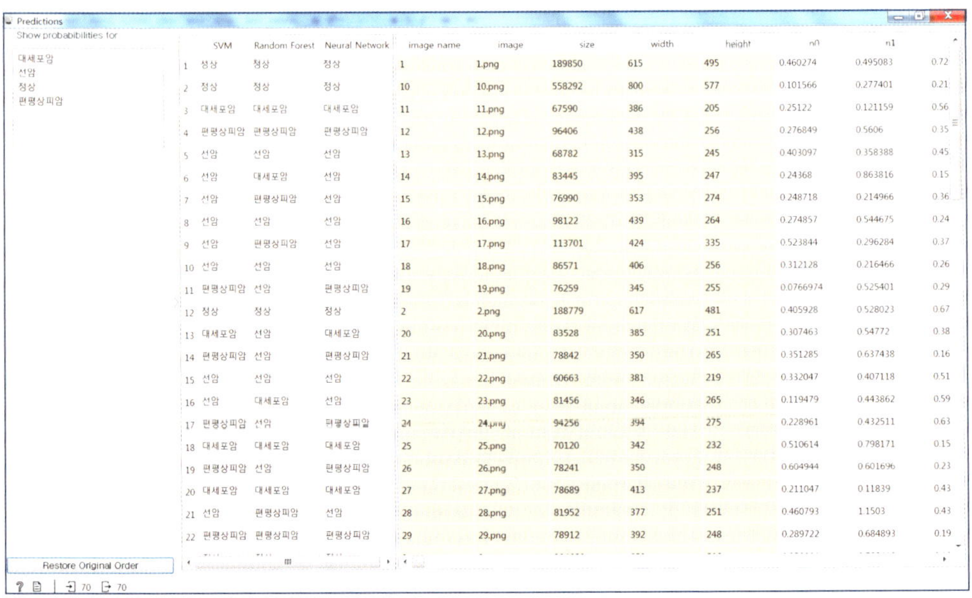

아까처럼 좌측 대세포암, 선암, 정상, 편평상피암을 클릭하면 각각의 항목에 대한 예측 확률도 확인할 수 있다.

이렇게 의학적 지식이 없어도, 적절한 데이터만 있으면, 인공지능을 공부시켜서 암 진단도 해볼 수 있다. 한국은행에서 전문가들이 하는 위조지폐 감별이나, 제조공장에서 만드는 제품의 정상품/불량품 판정 등도 가능하다. 공부시킬 방법, 공부에 필요한 데이터셋 두 가지만 확보되면 문제 없다.

4-1. 성능평가: Accuracy, Precision, Recall, F1, LogLoss

다른 실습으로 넘어가기 전에, 아까 Test and Score 에서 확인한 모델 성능 평가 때 나왔던 지표들이 무슨 뜻인지 조금 더 자세히 알아보도록 하자.

우선 가장 먼저 알아야 하는 개념은 Confusion Matrix(혼동행렬)다.

Ⅰ Confusion Matrix(혼동 행렬) Ⅰ

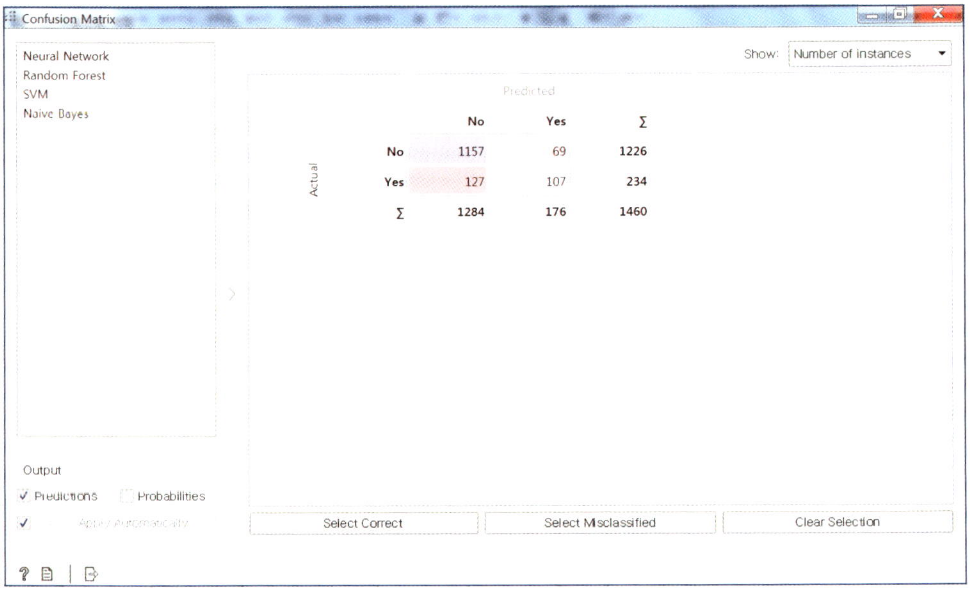

각 지표들의 수치를 보고 모델의 성능을 정확히 판단하기 위해서는, 앞서 실습에서 Test and Score에 추가적으로 연결해서 확인했던 Confusion Matrix(혼동 행렬)를 읽을 수 있어야 한다.

혼동 행렬은 쉽게 말해 모델이 전체 데이터 중에서 어떤 부분을 얼마나 맞히고 틀렸는지 그 개수를 표시해놓은 매트릭스다. 실제 정답에서 맞히고 틀린 데이터 수치를 한눈에 볼 수 있도록 기록해놓은 것이기 때문에, 이를 보고 우리는 다양한 평가지표를 계산할 수 있다.

표를 읽는 법은 간단하다. 가로축과 세로축이 Yes와 No로 나누어져 있고, 그에 해당하는 숫자들이 적혀있다.

		Predicted(모델의 예측값)	
		Negative(음성 No)	Positive(양성 Yes)
Actual(실제 답)	Negative(음성 No)	True Negative(TN)	False Positive(FP)
	Positive(양성 Yes)	False Negative(FN)	True Positive(TP)

4개 박스 중, 왼쪽 위의 박스는 Actual도 No이고, Predicted도 No이다. 즉 실제 답이 음성인데 진단도 음성으로 했다는 뜻이다. 진단과 실제가 일치했고, 음성이라고 진단해서 맞혔으므로, True(예측 성공) Negative(진단 음성)이라고 표현한다.

그 옆에 우측 위 박스는 Actual은 No지만, Predicted는 Yes다. 실제 답은 음성인데, 양성으로 잘못 진단한 경우이다. 즉, 양성이라고 진단했는데 틀렸으므로, 이런 경우는 False(예측 실패) Positive(진단 양성)라고 표현한다.

왼쪽 아래의 박스는, Actual은 Yes인데 Predicted가 No다. 실제 답은 양성인데 음성으로 잘못 진단한 경우이다. 음성이라고 진단했는데 틀렸으므로, False(예측 실패) Negative(진단 음성)이라고 부른다.

마지막으로 오른쪽 아래 박스는, Actual이 Yes고 Predicted도 Yes다. 실제 답이 양성이고 진단도 양성으로 바르게 했으므로, True(예측 성공) Positive(진단 양성)이라고 한다.

함께 해보았던 암 진단 실습을 예로 들면, 실제 암을 가진(양성, Positive) 환자들을 암이라고 정확히 진단한 환자 수를 True(예측 성공) Positive(진단 양성)라고 말할 수 있다.

True Positive(예측 성공 진단 양성), True Negative(예측 성공 진단 음성), False Positive(예측 실패 진단 양성), False Negative(예측 실패 진단 음성) 이 네 가지는 이어서 설명할 성능 평가 지표를 설명할 때 등장할 예정이니, 기억해두자.

1) CA(Classification Accuracy)

말 그대로 정확도를 의미한다. 전체 데이터 수에서 TRUE 또는 FALSE를 정확히 맞힌 비율이기 때문에 보통 이 지표를 기본적으로 참고해 모델의 성능을 파악한다. 식은 아래와 같다.

Accuracy = *TP* + *TN*(맞힌 개수) / *TP* + *TN* +*FP* + *FN*(전체 예측수)

하지만 이것만을 절대적 지표로 생각하기에는 한계가 있다. 앞서 실습한 이직할 직원 예측과 암진단 예측 모델을 예로 들어 살펴보자.

Accuracy는 전체 데이터 수를 정확히 맞힌 비율이다. 어떤 기업에 직원이 100명 있는데, 100명 중 실제로 퇴사를 한 사람은 10명이라고 하자. 만약, 예측 모델이 퇴사를 아무도 안 한다고 예측했을 때, Accuracy는 90(맞힌 개수)/100(전체 예측수)로 약 90%가 된다. 사실 기업이 이런 분석을 하는 이유는 이직할 직원을 찾아내서 대응하기 위해서인데, 이런 경우엔 아무리 정확도가 90%라고 해도 본래 목적을 달성할 수가 없다. 단순 정확도만 따지면 전체 데이터 분포가 한 쪽으로 몰려있는 경우, 즉 Positive 또는 Negative로 데이터가 확 몰려있다면, 상당히 높은 수치를 기록하고도 실질적인 의미는 없는 경우가 발생할 수 있다.

그래서 Accuracy 즉 단순 정확도보다는 Positive 즉 양성 신단에 조금 더 무게가 실리게 마련이다. 전체 정확도보다도 양성 진단의 정확도가 더 중요할 수 있는 것이다. 그래서 양성에 특화된 지표가 나왔다.

2) Precision

PPV(Positive Predictive Value)라고 불리기도 하는 이 지표는 '양성 진단 정확성'을 의미한다. 모델이 양성(positive)이라고 예측한 데이터 중에서 실제 양성인 값의 비율을 계산한 수치이다. 식은 아래와 같다.

Precision(정밀도) = *TP*(예측과 실제가 모두 양성인 데이터 수) / *TP* + *FP*(모델이 양성이라고 예측한 데이터 수)

양성 진단이 얼마나 정확했느냐, 예를 들어 의사가 환자에게 암이라고 진단을 내렸을 때 그 중 실제로 암이었던 사람이 얼마였느냐가 바로 Precision이다. 100명의 환자를 살펴본 후 그 중 10명에게 암이라고 진단을 내렸는데, 그 10명 중 5명이 실제로도 암이었다면, Precision은 5/10 = 50%가 된다.

그런데 만약 Precision 즉 양성 진단 정확성만을 가지고 모델을 평가하면 필연적으로 허점이 생긴다. 만약 당신이 의사인데, 당신의 암 진단에 대해 Precision 즉 당신이 암이라고 한 환자가 실제로 암인지 아닌지만 두고 당신을 평가하겠다고 하면, 당신은 암 진단을 과감하게 하겠는가 보수적으로 하겠는가? 괜히 헷갈리는 사람을 암이라고 했다가 틀리면 내 평가가 떨어지니, 당연히 보수적으로 진단하게 될 것이다. 진짜 확실한 사람만 암이라고 하고, 나머지 잘 모르겠으면 일단 다 아니라고 해버리게 되는 것이다.

그런데 의사가 이런 식으로 암 진단을 하면 환자에게 심각한 피해가 생긴다. 의사가 보수적으로 예측해 암 환자를 빨리 찾아내주지 못 하면, 환자는 목숨이 위태로워지기 때문이다. 그러므로 의사의 암 진단은, 암이라고 진단한 사람이 확실히 암이었는지 보다, 전체 환자 중 암인 사람을 얼마나 많이 찾아내느냐가 더 중요하다. 그걸 보여주는 지표가 바로 Recall 이다.

3) Recall

Recall(재현율)은 Sensitivity(민감도)라고도 표현된다. Recall은 전체 양성 중에서 진단으로 양성을 찾아낸 비율, 즉, 양성 탐색 효과성을 의미한다. 식은 아래와 같다.

Recall(재현율) = *TP*(예측과 실제가 모두 양성인 데이터 수) / *TP* + *FN*(실제 양성인 모든 데이터 수)

예를 들어 전체 100명 중 암환자가 10명 있다고 했을 때, 의사가 그 중 9명을 찾아내면 Recall은 9/10 = 90%가 된다.

굉장히 의미 있어 보이는 지표지만, 여기에도 역시 문제가 있다. 만약 당신에 대해 Recall만으로 평가하겠다고 하면, 당신은 암 진단을 과감하게 하겠는가 보수적으로 하겠는가? 환자를 최대한 찾아내기만 하면 되므로, 조금만 의심되도 일단 암이라고 진단하지 않겠는가? 극단적으로 CT를 전혀 보지 않고 100명 전체에게 다 암 진단을 내리면, Recall은 무조건 100%가 된다.

Precision, Recall 둘 다 의미 있고 중요한 지표지만, 하나만 보면 이렇게 문제가 생기기 때문에, 결국 둘을 함께 봐야 한다. 둘 사이의 균형이 필요한 것이다. 그래서 이 둘을 합친 지표가 나왔다. 바로 F1이다.

4) F1

F1은 Precision과 Recall을 섞어서 한 번에 보여주는 지표이다. 보통은 Precision과 Recall의 조화평균을 내서 구하는데, 가끔 자체적인 방식(가중평균)으로 계산해 사용하는 경우가 있고, 오렌지도 자체적인 가중평균을 사용한다. 아무튼 F1이 1에 가까울수록 모델의 성능이 좋은 것이다.

$$F1 = 2 * (Precision * Recall / Presision + Recall)$$

가장 널리 사용되는 F1 계산은 앞서 말했듯 Precision과 Recall의 조화평균이다. 단순평균이 아니라 굳이 조화평균을 이용하는 이유는, 한 지표의 점수가 0에 가까울 때 그걸 잘 반영하기 위함이라고 한다. 예를 들어 Precision이 0.1이고, Recall이 0.9이라면 평균은 (0.1+0.9)/2=0.5가 되지만, F1 점수는 2*(0.1*0.9)/(0.1+0.9)=0.18이다. 두 지표의 점수를 합쳐 평균을 내는 것보다, 조화평균을 이용할 때 낮은 점수가 잘 반영되어 모델 성능의 단점을 제대로 판단할 수 있다는 사실을 알 수 있다. 따라서 F1은 모델의 성능 평가에서 매우 유용한 지표로 쓰이고 있다.

인공지능 모델의 성능을 평가할 때는 분석하는 데이터에 맞추어 여러 지표들을 잘 읽고 활용해야 하지만, 그냥 종합적으로 딱 하나만 보고 싶다면, F1 점수를 보는 게 가장 무난하다.

5) Logloss

F1으로 종합점수를 비교하면 모델의 성능을 대체적으로 평가할 수 있는데, F1이 똑같다고 해서 꼭 같은 수준이라고 볼 수는 없다. 학창시절을 떠올려보자. 두 명의 학생이 수학시험을 똑같이 90점 맞았다. 하지만 한 학생은 맞힌 모든 문제를 아주 강력한 확신을 가지고 풀었고, 다른 학생은 헷갈리는 게 많아서 찍었는데 운 좋게 그게 거의 다 맞아서 90점을 받은 거라면, 이 두 학생은 같은 실력을 가지고 있다고 볼 수 있을까? 전혀 아니다. 즉, 문제를 맞히고 틀리고도 중요하지만, 확신을 가지고 풀었느냐, 거의 찍었느냐도 큰 차이가 있는 것이다. 바로 이 부분, 즉 정답을 얼마나 강력하게 확신하며 찾아냈느냐를 보여주는 지표도 있다. LogLoss(로그손실)다.

Logloss는 모델의 예측값을 모두 더한 뒤 음의 로그를 취해 그 값을 평균화한 지표인데 (식은 복잡해서 추가하지 않겠다. 궁금한 분들은 구글 검색을 통해 확인하실 수 있다), 숫자가 클수록 오차가 큰 것, 즉 찍어서 문제를 맞힌 것이다. F1은 높을 수록 좋지만 LogLoss는 낮을 수록 좋다. F1이 높고 LogLoss가 낮으면 실력 있는 모델이라 볼 수 있다.

지금까지 기본적인 성능 평가 지표들의 개념들을 설명했다. 오렌지 프로그램에 나오는 값은, 책에서 설명한 실제 계산식으로 계산하여 나온 값과 다소 차이가 있을 수 있다. 오렌지 머신러닝 프로그램 설계자들이 적용하는 과정에서 모델의 성능이 조금 더 잘 반영될 수 있다고 판단한 방식으로 계산 방식을 조금씩 변경해 사용하고 있기 때문이다. 에러가 나는 경우를 제외하고, 실제식으로 구한 지표 값과 오렌지를 통해 나온 점수는 큰 차이가 없으니 큰 의미를 둘 필요는 없을 듯하다.

그러면 지금부터 우리가 배웠던 성능 평가 지표들을 토대로 실습 결과를 평가해보도록 하자.

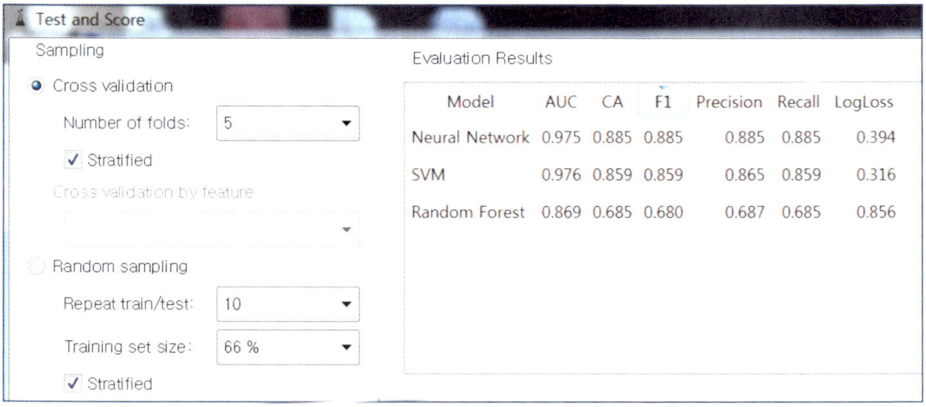

Model	AUC	CA	F1	Precision	Recall	LogLoss
Neural Network	0.975	0.885	0.885	0.885	0.885	0.394
SVM	0.976	0.859	0.859	0.865	0.859	0.316
Random Forest	0.869	0.685	0.680	0.687	0.685	0.856

아까 했던 암진단 모델 성능 화면(Test and Score)이다. F1은 Neural Network가 0.885로 1등이고 SVM이 0.859로 2등이지만, LogLoss를 보면 SVM이 0.316으로 Neural Network 0.394보다 낮다. 즉 F1과 LogLoss에서 각각 1등이 엇갈리는 것이다. 이러면 둘 중 누가 더 우수한 지표일까? 실리를 중시하는 분들은 아무튼 정답을 더 잘 찾아낸 것에 초점을 두고 F1 값이 높은 Neural Network를 더 우수하다고 할 것이고, 확실한 걸 좋아하는 분들은 정답을 더 확신 있게 찾아내는 SVM을 선호할 수 있다. 그래도 사람마다 다르다라고 하고 넘어가면 좀 아쉬우니, 한 가지 기술을 더 사용해보자. 누가 더 우수하다고 싸우지 말고, 함께 힘을 합쳐 풀어보게 시켜보는 것이다.

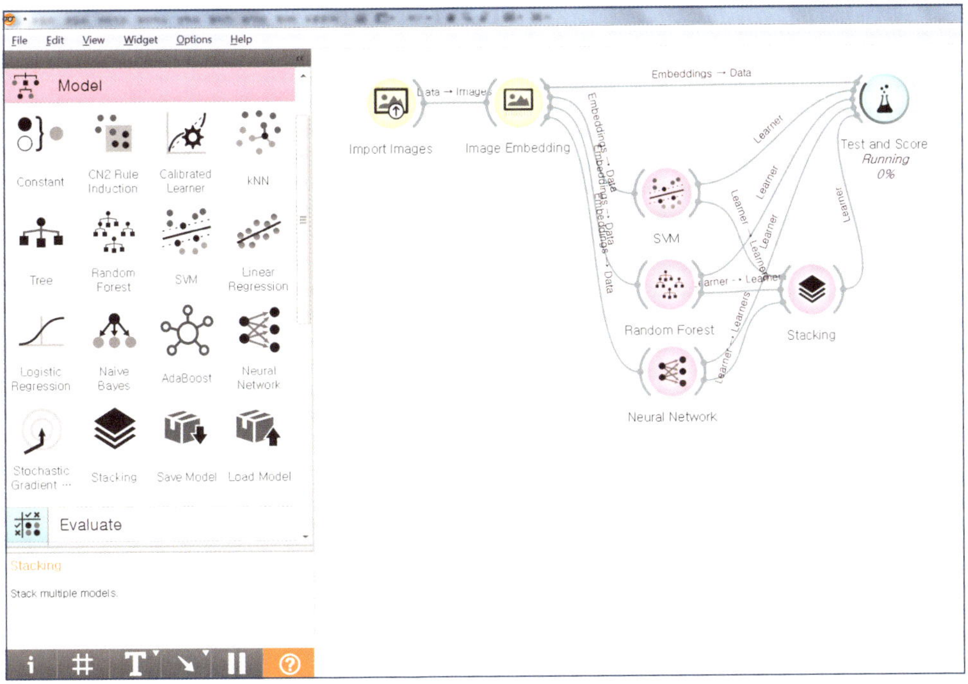

모델 메뉴 중 가장 아래쪽 줄을 보면 Stacking 이라는 아이콘이 있다. 이 아이콘을 통해 여러 인공지능 모델들을 합쳐서 사용(이런 기법을 앙상블이라고 부름)할 수 있다. 클릭해서 오른쪽 화면으로 옮긴 후, 이미 공부시킨 모델들을 Stacking에 연결해주자. 도중에 팝업창이 뜨면 그냥 엔터(Learner - Learner 로 연결)를 눌러주면 된다. 모델들을 Stacking에 다 연결했으면, Stacking을 Test and Score에 연결해주자. 그러면 컴퓨터가 열심히 계산을 한다. 계산량이 많아서 아마 팬이 엄청나게 돌아가기 시작할 것이다.

조금 기다려서 계산이 다 끝나고 나면, Test and Score를 더블클릭하고 결과를 확인해 보자. 백지장도 맞들면 낫다고 했는데, 과연 모델들이 힘을 합쳐 문제를 풀어서 결과가 좋아졌을까?

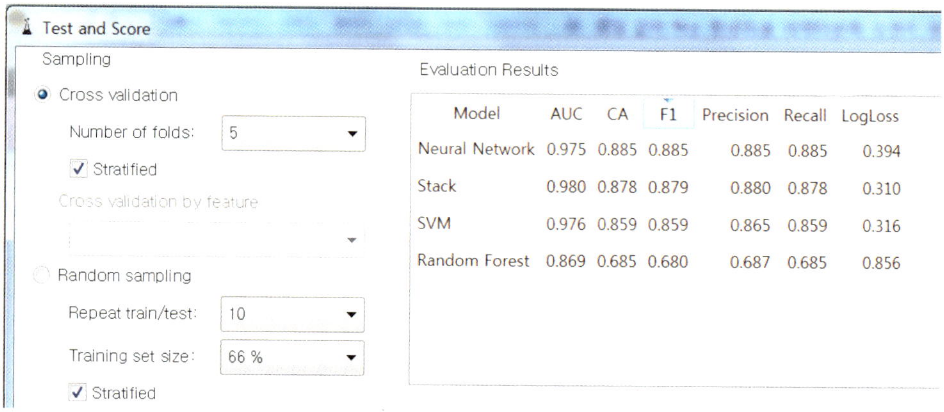

Model	AUC	CA	F1	Precision	Recall	LogLoss
Neural Network	0.975	0.885	0.885	0.885	0.885	0.394
Stack	0.980	0.878	0.879	0.880	0.878	0.310
SVM	0.976	0.859	0.859	0.865	0.859	0.316
Random Forest	0.869	0.685	0.680	0.687	0.685	0.856

살펴보니 F1은 Neural Network에 근소하게 낮은 2등이지만, LogLoss는 Neural Network는 물론이고 SVM보다도 더 우수한 1등을 차지했다. 이 정도면 종합해서 양과 질 모두에서 가장 우수한 모델이 탄생했다고 봐도 무방할 것이다. 역시 경쟁하지 않고 협력했더니 최고의 결과가 나온 것이다.

이렇게 실제 예측을 할 때는, 여러 모델을 사용해보고, Stacking 등 앙상블 기법까지 총동원하면 보다 정확도 높게 예측할 수 있다.

이상 오렌지를 이용해 객관식 예측을 해보았다. 이러한 머신러닝 데이터분석을 경영에 활용할 수 있다면, 경쟁사들과의 차별점을 만들어내는 엄청난 자산이자 전략이 될 수 있다. 실제로 빠른 속도로 성장하는 스타트업이나 큰 규모의 기업들은 머신러닝과 같은 AI 기술들을 경영의사결정에 접목, 도입하고 있다. 대기업들은 엄청난 성능의 컴퓨터와 인공지능 모델을 활용해 분석을 하겠지만, 오렌지 프로그램의 성능도 무척 준수하기 때문에, 코딩을 잘 모르는 분들이라도 빠르게 데이터 분석을 해보고 시사점을 찾을 수 있다.

5

주관식 예측 Regression: 아이오와 집값 예측하기

객관식 예측을 해봤으니, 이제 주관식 예측도 도전해보자. Yes No가 아니라 숫자 자체를 예측해보는 것이고, 이게 바로 통계 조금만 해본 사람이라면 모를 수가 없는 그 유명한 회귀분석(Regression)이다. 사실 앞서 한 객관식 예측 Classification과 지금 할 주관식 예측 Regression은 거의 원리가 동일하다. 그래서 사용하는 모델이나 방법도 거의 똑같다.

이번에는 미국 아이오와 지역의 집값 예측을 해보자. 이 주관식 예측 분야에서는 보스톤 집값 예측 데이터셋이 가장 유명한데, 너무 유명하니 우리는 조금 더 최신 자료인 아이오와 집값 예측을 해보기로 하자.

참고로 여기서 말하는 집값 예측이란, 집값이 앞으로 오를 건지 내릴 건지를 예측하는 게 아니고, 조건이 이럴 경우(방이 몇 개라든지, 방향이 어느 쪽이라든지, 역에서 얼마만큼 떨어져있다든지 등) 집값이 대략 얼마 정도 할 것이다라고 짐작해보는 그런 예측을 말한다.

우선 아래 주소를 인터넷창에 입력해 데이터셋을 먼저 다운받고 바탕화면에 옮겨두자.

***데이터셋 다운로드**

http://bit.ly/아이오와_공부

http://bit.ly/아이오와_직용

아까와 똑같이 일단 데이터를 불러오기 위해 File을 가져오자.

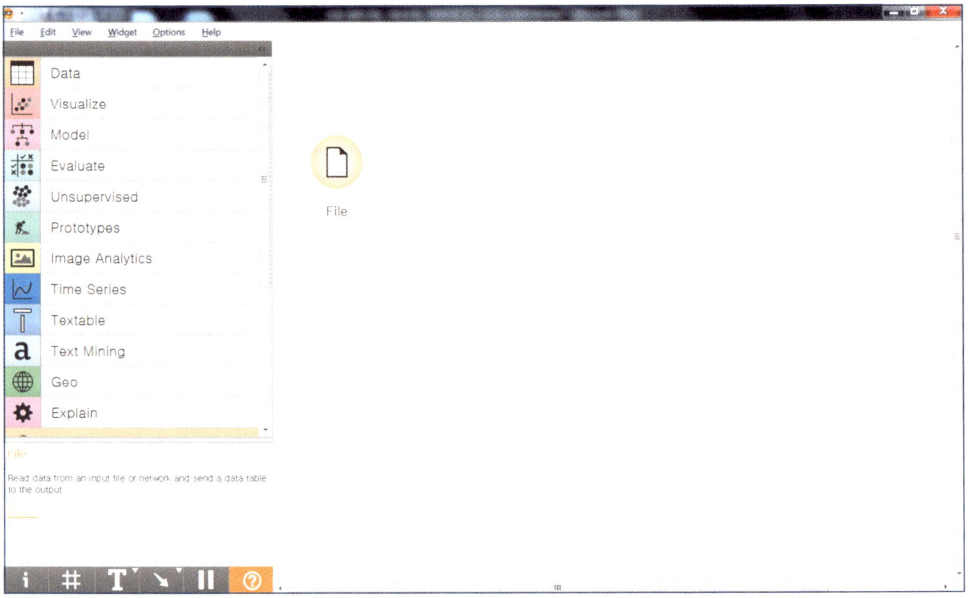

그 다음엔 불러온 아이콘을 더블클릭한 후, 우측 위에 있는 서류모양 아이콘을 눌러 바탕화면에 옮겨둔 데이터 파일을 찾으러 가자. 그리고 아이오와 집값 예측_공부라는 제목의 엑셀 파일을 선택한 뒤, 열기를 클릭한다.

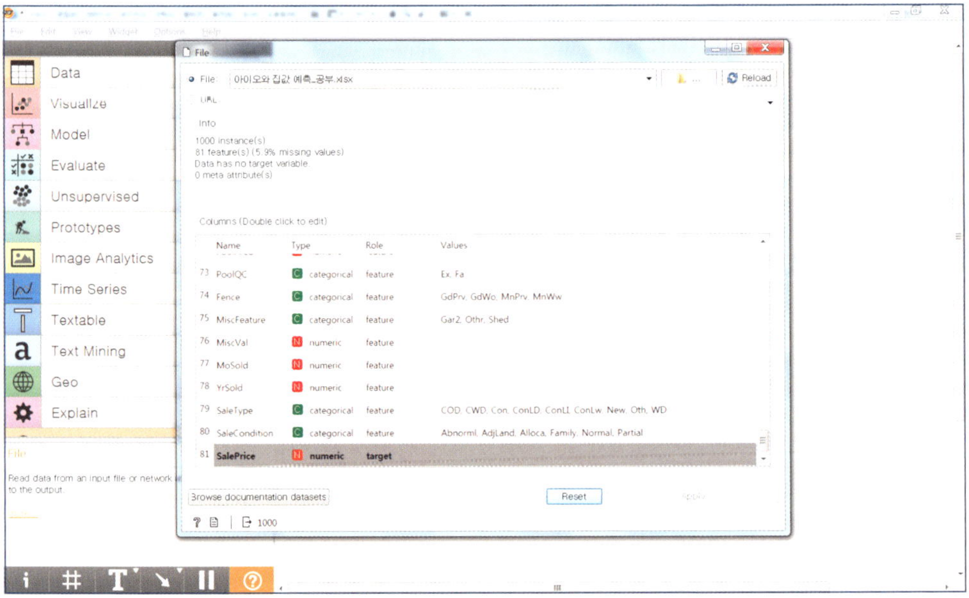

데이터셋을 불러오면 변수들이 화면에 나온다. 우리는 집값을 예측하려는 것이므로, 제일 마지막에 있는 SalePrice 변수의 Role을 Target으로 바꿔준 뒤, 우측 아래 Apply를 누르고 우상단 x자를 눌러 창을 끄자.

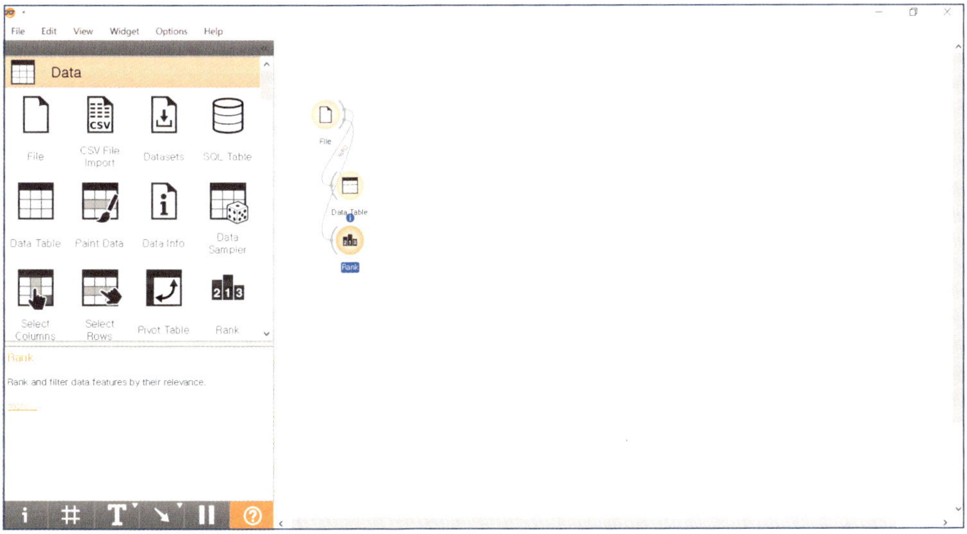

방금 불러온 데이터셋이 어떤 식으로 생겼는지 그 내용을 들여다보고 싶다면, File 오른쪽에서 선을 그어 뽑은 후, Data Table을 부르면 된다. 또한 수많은 변수들 중 어떤 변수가 Target 즉, 집값에 크게 영향을 끼치는지 보고 싶다면, File 오른쪽에서 선을 그어 뽑은 후, Rank를 불러보자.

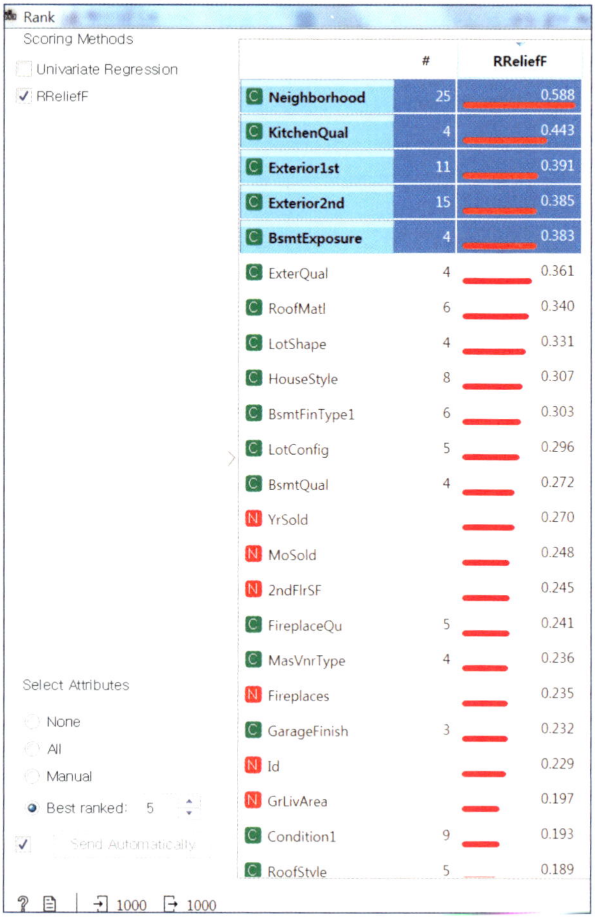

계산 결과를 보니 이웃, 주방 퀄리티, 1층 외관 등이 집값에 가장 큰 영향을 끼치는 것으로 나타났다.

이제 분석을 위해 모델을 불러와보자. 보통 통계학에서 이런 회귀분석을 할 때는 Linear Regression(선형회귀)을 사용하는데, 머신러닝 데이터분석에서는 그것 외에도 더 많은 모델들을 사용할 수 있다. 더 자세히 얘기하자면, 앞서 객관식 예측 즉 Classification 때 사용했던 kNN, Tree, Random Forest 등의 모델을 그대로 사용할 수 있다. Classification과 Regression의 원리가 비슷하기 때문이다.

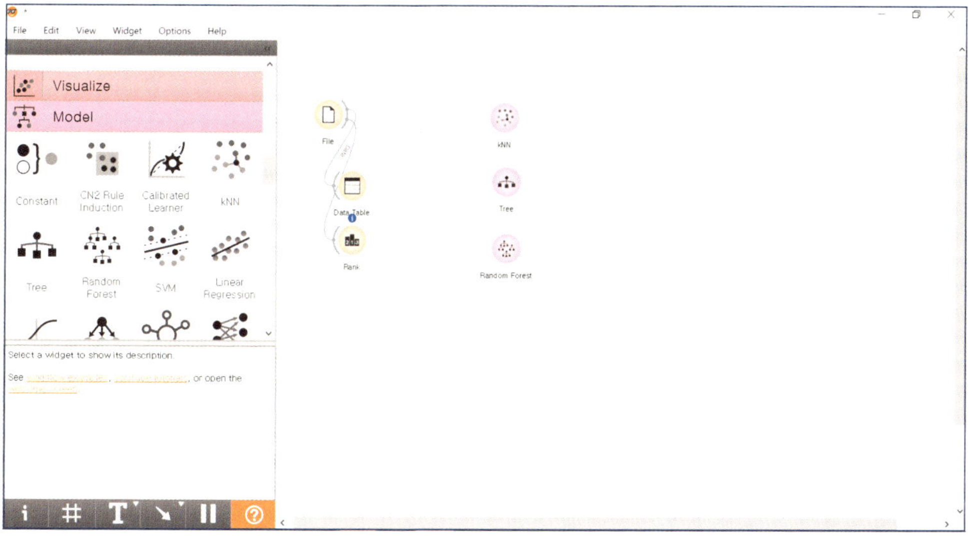

일단 앞서 객관식 예측 Classification 때 사용했던 kNN, Tree, Random Forest 세 개를 불러오자. 그리고 주관식 예측 Regression의 대표모델인 Linear Regression을 불러오자. 단, Linear Regression은 하나만 불러오지 말고, 4개를 불러오자. 이유는 뒤에서 설명할 테니 일단 믿고 불러오자.

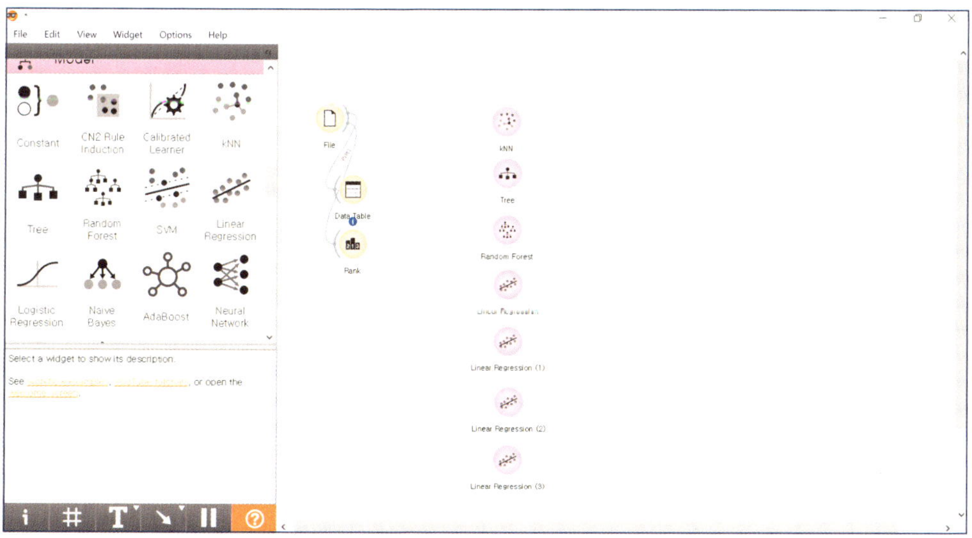

다 불러왔으면 Linear Regression을 더블클릭해보자.

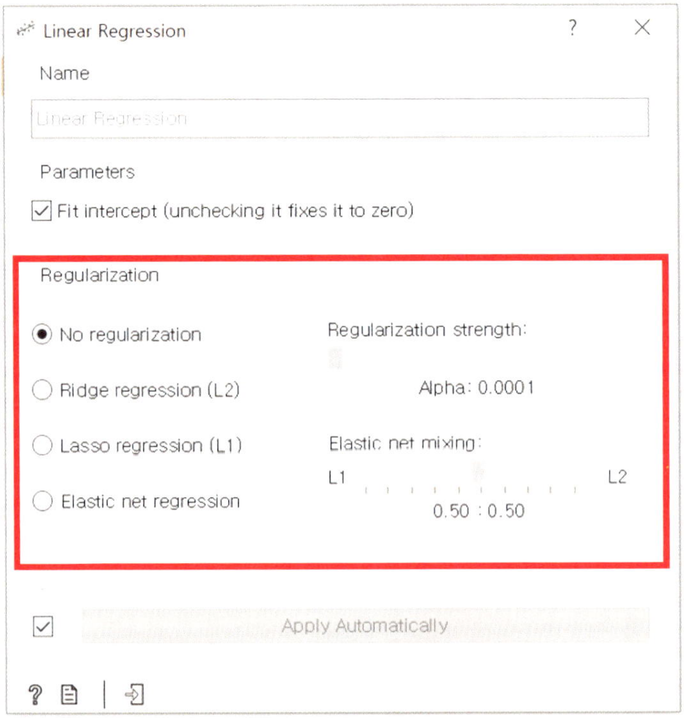

Regularization이라는 박스 안에 선택 항목이 4개 보일 것이다. No regularization, Ridge regrcssion(L2), Lasso regression(L1), Elastic net regression. 그 옆에는 뭔가 알 수 없지만, 수치를 조절하는 옵션도 있다. 이제 왜 Linear Regression을 4개 불러왔는지 짐작이 될 것이다. 위에서부터 차례대로 Linear Regression을 더블클릭해, Regularization 항목을 달리해주자. 첫 번째는 No Regularization, 두 번째는 Ridge, 세 번째는 Lasso, 네 번째는 Elastic. 필자는 항목을 바꾸고 아예 모델 이름도 알아보기 쉽게 변경해보았다.

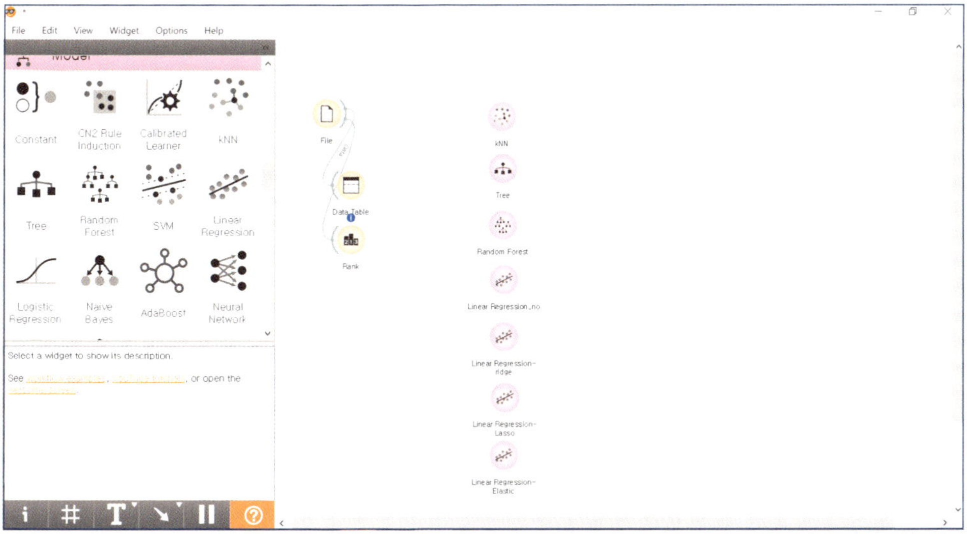

아이콘에 마우스를 가져가 오른쪽 버튼을 누른 뒤 Rename을 클릭하면, 겉에 보이는 이름을 변경할 수 있다. 이렇게 모델 이름을 바꿔줘야, 나중에 Test and Score결과에서 어떤 옵션을 선택한 Linear Regression이 성능이 좋게 나왔는지 구분할 수 있기 때문에, 꼭 바꿔주자.

이렇게 4개 Linear Regression 설정이 끝났으면 대략 설정한 옵션에 따라 결과가 다르게 나올 거라는 것은 쉽게 예상할 수 있을 것이다. 직접 결과를 확인하기 전에 이 각각의 선택옵션들이 어떤 차이가 있는지 간단하게 설명해보겠다.

Regularization은 정규화라고도 표현하는 경우가 많은데, 서로 다른 변수의 범위를 일괄적으로 맞춰주는(0에서 1사이로) Normalization 역시 정규화로 번역하므로, 혼동을 피하기 위해 제약화라고 번역하는 게 더 적합해 보인다. 제약화는 말 그대로 제약을 건다는 뜻이다. 제약을 걸면, 즉 방해를 하면, 성능은 떨어진다. 다시 말해 Regularization 이란 성능을 떨어뜨리는 것이다.

왜 성능을 떨어뜨릴까?

보통 통계학에서 회귀분석 즉 Regression을 할 때는 변수 숫자가 그렇게 많지 않다. 하나인 경우도 많고, 늘어나도 몇 개 수준이다. 통계학은 변수를 넣을 때 굉장히 신중하기 때문

(꼭 인과 혹은 상관관계가 있을 것 같은 변수만 투입)이다. 하지만 머신러닝에서는 변수를 수십 개씩 그냥 집어넣곤 한다. 별 상관 없는 변수는 인공지능이 알아서 빼고 계산할 거라고 믿기 때문이다.

그런데 이렇게 변수가 많아지면 과대적합(Overfitting)이라는 문제가 발생하기 쉽다. 모든 데이터를 다 정확하게 예측하려고 너무 심하게 데이터에 적응하는 것이다.

학창시절 시험 보던 기억을 떠올려보자. 어떤 친구들은 학교 시험은 잘 보는데 수능만 보면 망하는 경우가 있다. 늘 앉는 의자와 책상, 교실 내 온도와 습도, 선생님의 습관 및 특징(길면 답이라든지) 등에 완전히 익숙해져 있다가, 새로운 환경에 가면 적응을 못 해 성적이 떨어지는 것이다. 이렇게 도를 넘어서 너무 과하게 적응된 상태를 과대적합으로 이해할 수 있다.

Regularization(제약화)을 하고 성능을 떨어뜨리는 이유는, 모의고사는 100점 맞다가 실전 수능은 50점 맞고 망하는 상황을 방지하기 위해서다. 모의고사를 100점이 아니라 80~90점 정도 맞게끔 제약을 걸고 즉 과대적합을 해소하고, 대신 실전 수능에서도 80~90점 정도 안정적으로 나올 수 있게 하는 것이다. 2보 전진을 위한 1보 후퇴랄까?

그림으로 표현하면 다음과 같다.

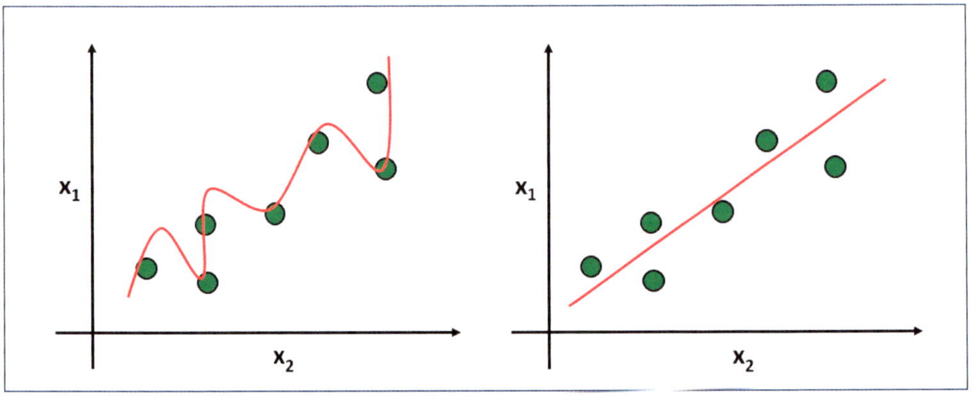

왼쪽이 전형적인 과대적합 상태이다. 모든 점을 다 만족시키려다 보니 예측선이 구불구불 엉망진창이 됐다. 이렇게 하면 지금의 데이터셋(학습에 사용한)에서는 높은 점수가 나오지만, 실전용 다른 데이터에 적용하면 오차가 엄청나게 커진다. 그래서 실전만 가면 망하는 것이다.

이런 경우에 제약화를 하면(즉 제약을 걸면) 예측선이 오른쪽처럼 완만하게 펴진다. 비록 현재 데이터셋을 완벽하게 충족시키지는 못 하지만, 대체적인 경향을 잘 짚어내므로, 어떤 새로운 데이터셋이 들어와도 비슷하게 맞힐 수 있다. 그래야 비로소 예측모델로 의미를 가진다고 할 수 있다.

앞서 본 Ridge regression(L2), Lasso regression(L1), Elastic net 옵션들은, 과대적합을 방지하는 제약화 방법들이다.

첫 번째, Ridge는 회귀계수들을 제곱하여 더한 뒤 그 합이 특정 값을 넘지 않도록 고안한 방법이다. 양수/음수가 모두 나오지 않도록 그 분포값을 줄이는데, 변수를 선택하지는 못하고 크기가 큰 변수부터 우선적으로 줄이는 것이 특징이다. 변수간 상관관계가 높아도 좋은 성능을 보인다는 장점을 가지고 있다.

두 번째, Lasso는 회귀계수들에 절댓값을 씌워 그 절대값의 합이 특정 값을 넘지 않도록 하는 방식이다. Ridge와 다르게 변수 선택이 가능하고 비중요 변수를 우선적으로 줄이는 특징이 있다. 그래서 변수 간 상관관계가 높으면 성능이 떨어질 수밖에 없다.

마지막 Elastic net은 Ridge와 Lasso 두 개를 합친 방식이다. 상관관계가 큰 변수를 동시에 선택, 배제해서 변수간 상관관계를 반영하여 정규화를 할 수 있다.

더 구체적인 내용이 궁금한 분들은, 구글과 유튜브 검색을 통해 보다 상세히 학습하시길 권한다.

중요한 건, 오렌지에서 저런 다양한 제약화 방법을 쉽게 사용할 수 있으므로, 다 해보고 가장 잘 성능이 좋은 걸 선택해 사용하면 된다는 것이다. 인공지능은 계속 발전하고 있으니, 우리는 새롭게 등장하는 모델들을 그때그때 학습하고 찾아서 잘 적용하는 능력을 갖추는데 주력하면 좋을 것이다.

자 그럼 이제 Test and Score을 불러와서 모델의 성능들을 비교해보자.

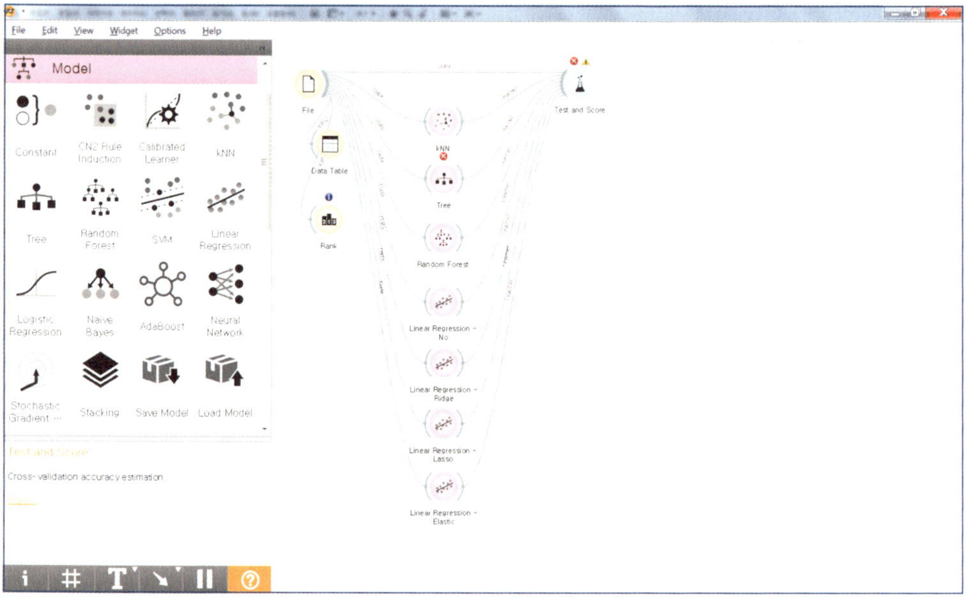

선을 모두 연결하니 그림에 보이는 것처럼 필자는 Tree에서 에러가 났는데, 변수가 너무 많으면 데이터를 모델에 제대로 맞추지 못 해 에러가 나는 경우가 있다. 큰 의미를 둘 필요가 없으니 Tree는 그냥 delete를 눌러 삭제해도 무관하다.

Evaluation Results

Model	MSE	RMSE	MAE	R2
Random Forest	1083282727.136	32913.261	19703.110	0.832
Linear Regression-elastic	1114375019.159	33382.256	20073.827	0.827
Linear Regression-ridge	1157773986.773	34026.078	20360.557	0.820
Linear Regression-No	1157941231.475	34028.536	20361.624	0.820
Linear Regression-Lasso	1170840913.437	34217.553	20433.705	0.818
kNN	2148232579.538	46349.030	30583.015	0.666

Test and Score을 더블클릭해서 결과창을 보면 성능지표들이 앞서 배운 Classification 때와 조금 다른 것을 확인할 수 있다. 이 지표들은 통계학에서 자주 쓰이는 개념들로 다음 챕터에서 좀 더 자세히 설명하도록 하겠다. 설명 전에 R2를 클릭해 내림차순으로 모델들을 정렬해보면, Random Forest가 1위인 것을 확인할 수 있다. R2(R 스퀘어, 즉 R의 제곱)는 흔히 설명력이라고 하고 높을 수록 좋은 Regression의 대표 성능지표이다. 우선은 R2 기준으

로 Random Forest가 가장 좋은 예측 성과를 보였다는 것만 알아두자.

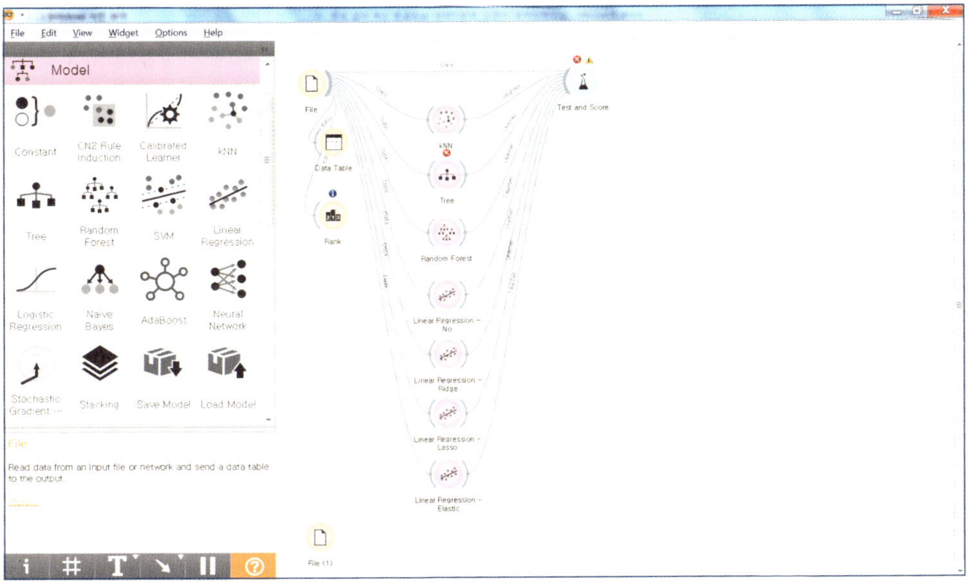

이제 학습시킨 모델들을 이용해 직접 답이 없는 시험 데이터의 집값을 예측해보자. 화면 아래쪽에 File을 하나 더 불러온 다음, 더블클릭해 서류 모양 아이콘을 누른 후, 아이오와 집값 예측_적용 파일을 불러오자.

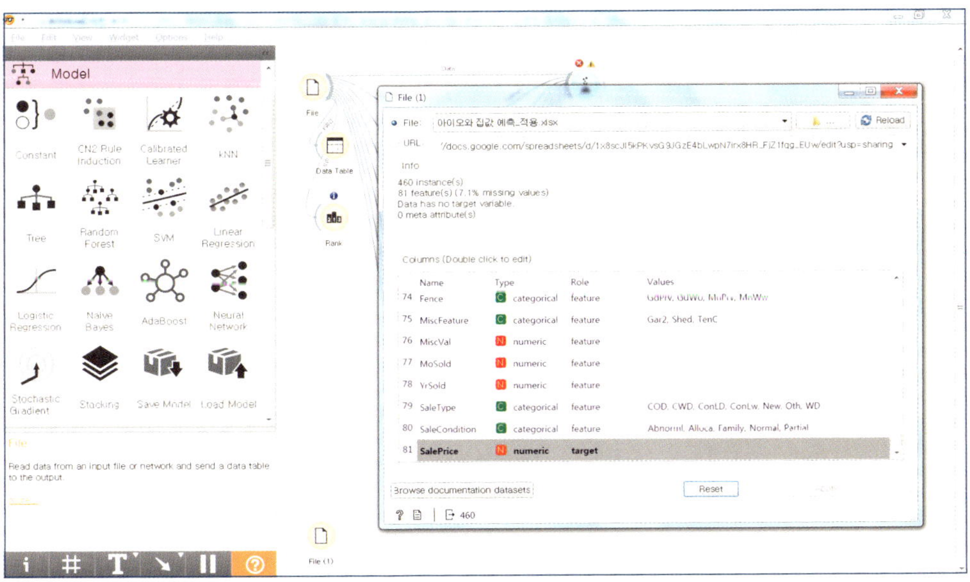

그리고 학습 데이터를 설정할 때와 같이, 맨 아래에 있는 SalePrice를 똑같이 target으로 설정해준 뒤, Apply를 누르고, 우상단 x자를 눌러 창을 끈다.

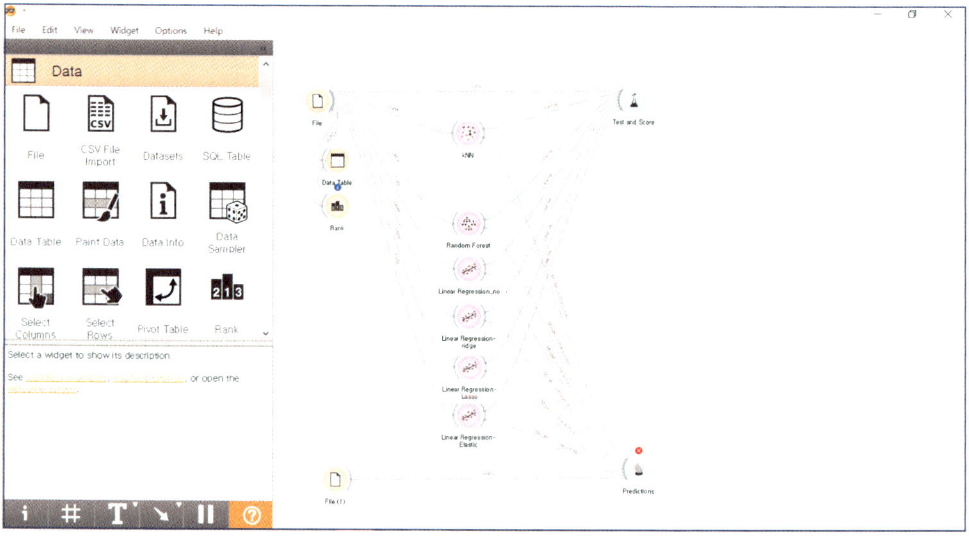

테스트할 데이터까지 불러왔다면, 마우스를 꾹 누른 채로 File 오른쪽으로 선을 쭉 그은 후, 버튼을 떼면 뜨는 선택창에서 Predictions를 검색해 클릭한다. 그 후 학습시킨 각 모델과 불러온 파일을 Predictions에 이어주면 끝이다.

이제 Predictions를 두 번 클릭해 결과창을 확인해보자. 참고로 아이콘을 모두 연결하면 Predictions 위에 빨간색으로 X 표시가 뜰 텐데, 아래 그림처럼 예측값만 잘 나오면 잘못된 것이 아니니 신경쓰지 않아도 된다.

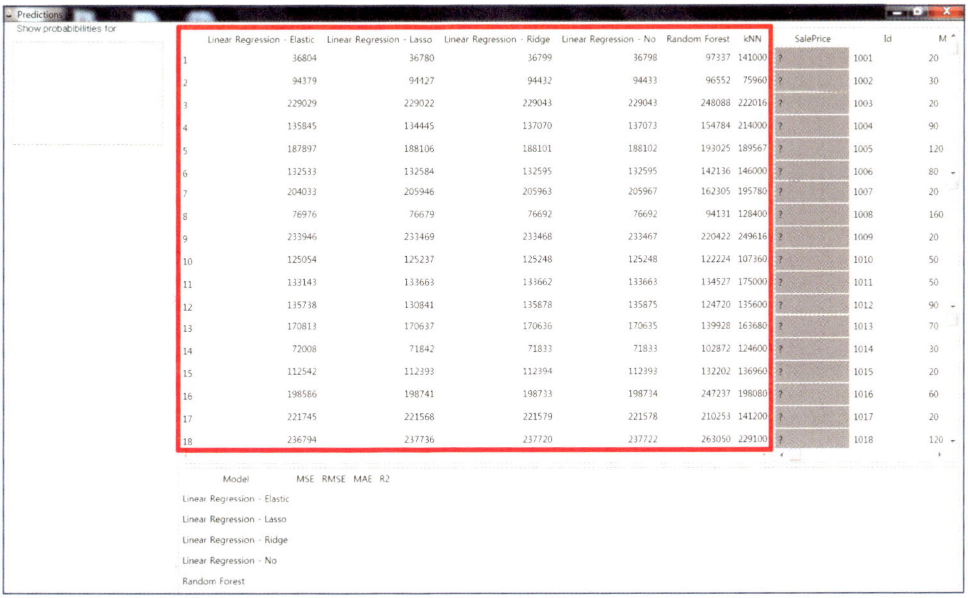

Predictions 창을 띄우면 빨간 박스처럼 각 모델이 SalePrice에 대해 어떻게 예측 했는지 볼 수 있다. 1번 집에 대해 예측한 값을 보면, kNN과 Random Forest는 Linear Regression 모델들에 비해 다소 높게 집값을 측정한 것을 볼 수 있다. 빨간 박스 오른쪽 숫자들은 우리가 풀어보도록 시킨 데이터셋 정보들이다. 그 중에서 SalePrice를 보면 셀 안의 값이 '?'로 되어있는데, 이것은 우리가 학습한 모델들이 직접 집값을 예상해볼 수 있도록 SalePrice 값을 비워놓은 채로 테스트 데이터셋을 입력시켰기 때문에 그런 것이다. 또한, 아래 박스를 보면 MSE, RMSE 등 성능 평가 지표들은 비어있는데, 이것은 모델들이 내린 예측값을 비교할 수 있는 지표(정답)가 없기 때문에 그 수치가 나오지 않는 것이 당연하다. 문제만 풀고 정답이 없으니, 그 모델의 성능이 어떤지 계산할 수가 없지 않은가? 여기까지 Predictions에 나온 결과를 모두 이해하고 읽을 수 있다면 당신은 이번 실습을 성공적으로 따라온 것이다.

다른 주관식 예측을 할 때도 방금 한 것처럼, 정답이 주어져 있는 데이터셋을 학습시킨 후, 그 모델을 이용해 답이 없는 데이터를 보여주고 예측값을 구할 수 있다.

5-1. 성능평가: MSE, RMSE, MAE, R2

이제 아까 Test and Score 창에 나왔던 성능 지표들에 대해 알아보자.

Evaluation Results

Model	MSE	RMSE	MAE	R2
Random Forest	1083282727.136	32913.261	19703.110	0.832
Linear Regression-elastic	1114375019.159	33382.256	20073.827	0.827
Linear Regression-ridge	1157773986.773	34026.078	20360.557	0.820
Linear Regression-No	1157941231.475	34028.536	20361.624	0.820
Linear Regression-Lasso	1170840913.437	34217.553	20433.705	0.818
kNN	2148232579.538	46349.030	30583.015	0.666

1) MSE

MSE는 Mean Squared Error의 줄임말로 오차들의 제곱값 평균을 말한다. Error는 말 그대로 '오류'를 의미하니까, 당연히 숫자가 낮을수록 성능이 좋다. MSE는 집 값 예측과 같은 주관식 수치판단에서 실제값과 예측값의 차이를 기준으로 오차를 판단한다. 식은 아래와 같다.

$$MSE = (\text{실제값} - \text{예측값})^2 / \text{크기}$$

한눈에 보기 쉽고 단순하기 때문에 정확도를 측정할 때 많이 쓰인다. 에러를 제곱하기 때문에 1 미만의 에러는 더 작아지고, 그 이상의 에러는 커지면서 값의 왜곡이 발생하는 것이 단점이다. 또한, 다른 값들에 비해 지나치게 높거나 낮은 아웃라이어(특이한 데이터)에 민감하다.

2) RMSE

RMSE는 Root Mean Squared Error의 줄임말로 오차들의 제곱값 평균에 루트를 씌운 것을 말한다. 한마디로 MSE에 루트를 씌운 것이다. RMSE 역시 MSE처럼 작을수록 좋다.

$$MSE = sqrt\{(\text{실제값}-\text{예측값})^2\ /\text{크기}\}$$

MSE에서 에러를 제곱하여 나타나는 왜곡된 수치를 루트로 풀어주기 때문에 값의 왜곡이 조금 줄어든다고 한다. 에러 자체의 평균을 좀 더 실제 값과 유사한 단위로 변환하여 보여주기 때문에 해석이 편하다는 장점이 있다.

3) MAE

MAE는 Mean Absolute Error로 오차들의 절대값 평균이다. 절대값은 왜 씌울까? 만약 실제값이 10인데 예측값이 9와 11인 경우 오차는 각각 −1과 +1이 되는데, 이걸 그냥 더하면 −1+1=0 이렇게 되어 오차가 없어지고 완벽한 예측처럼 보이는 상황이 발생한다. 그래서 −든 +든 오차가 제대로 반영되게 하기 위해 절대값을 씌워 계산하는 것이다.

역시 수치가 낮을수록 좋으며 에러의 절대값을 나타내기 때문에 매우 직관적인 지표라고 할 수 있다. 그리고 직관적이기 때문에 특이치에 대한 민감도가 MSE에 비해 낮고, 오차와 성능지표를 잘 모르는 사람에게 비교적 쉽게 설명을 할 수 있다.

하지만, 데이터의 스케일에 의존적이다. 예를 들어, 아이오와에 A라는 집과 B라는 집이 있을 때, A 주택의 가격은 1,000,000,000원이고, B 주택의 가격이 80,000,000원이라고 가정해보자. 그렇다면 십 값을 예측하는 모델의 MAE 가 똑같이 10,000이 나왔다고 해도, 그 에러율은 분명 같지 않을 것이다. 그러므로 단순히 오차값만을 보면 이런 약점이 생길 수 있다. 이것은 MSE에도 해당되는 단점이다.

4) R^2

R^2는 R-squared, 즉 R의 제곱을 말하는데 우리는 이것을 회귀제곱합 또는 총제곱합이라고 한다. 다른 말로는 설명력, 결정계수라고 부른다. 독립변수가 종속변수에 대해 얼마나 설명력을 가지는지 보여주는 수치인데, 1에 가까울수록 예측 정확도가 높다는 것을 의미한다.

$$R^2 = \text{예측값 } \textit{Variance} \,/\, \text{실제값 } \textit{Variance}$$

예를 들어 R^2의 값이 0.5이면 50%의 설명력을 가졌다는 의미로, 논문 가설 검증을 할 때 유의미하게 쓰이는 지표이다. MSE와 MAE처럼 데이터의 스케일에 의존적이지 않아 상대적인 성능을 파악할 수 있다.

좋은 평가 지표가 무엇인지는 해석하는 본인의 판단에 따라 다르겠지만, 비교적 상대적으로 모델 성능을 쉽게 파악할 수 있는 것이 R^2 점수이기 때문에 앞에서는 Test and Score 결과를 R^2기준으로 정렬하여 설명했다.

이제 모든 평가 지표들의 개념을 파악했으니 각 지표별로 어떤 모델이 더 우수한 예측 적합도를 보였는지 확인해보자.

Evaluation Results

Model	MSE	RMSE	MAE	R2
Random Forest	1083282727.136	32913.261	19703.110	0.832
Linear Regression-elastic	1114375019.159	33382.256	20073.827	0.827
Linear Regression-ridge	1157773986.773	34026.078	20360.557	0.820
Linear Regression-No	1157941231.475	34028.536	20361.624	0.820
Linear Regression-Lasso	1170840913.437	34217.553	20433.705	0.818
kNN	2148232579.538	46349.030	30583.015	0.666

전체적으로 MSE, RMSE, MAE 수치는 낮고, R^2 수치는 높은 모델이 예측 모델로서 가장 좋은 성능을 보인 것이다. 필자의 경우, 모든 평가 지표면에서 Random Forest가 우위를

점하고 있다. 다음으로 Linear Regression 중 Elastic, Ridge, Lasso 순으로 제약화된 모델 성능이 좋다고 평가할 수 있는데, 제약화 방식을 다르게 설정해서 성능 지표 값이 다르게 나온 것을 제대로 확인할 수 있다. 전체 모델중에서는 kNN이 가장 열악한 성능을 보인다. 따라서 아이오와 집값 예측의 경우에는 Random Forest와 Linear Regression- Elastic, 두 모델이 가장 적합하기 때문에 이 모델을 채택해 본격적으로 아이오와 집에 대한 데이터를 학습시키고 집값을 분석을 하면 더욱 효율적인 의사결정의 기준을 세울 수 있게 된다.

6

그룹 나누기 Clustering: 쇼핑몰 고객 세분화하기, 개 고양이 호랑이 구분하기

Clustering(군집화)은 데이터를 속성이 유사한 것끼리 모아 분류하는 기법을 말한다. 하나의 클러스터(군집) 안에 있는 데이터는 비슷한 속성을 지니게 되고, 다른 클러스터에 속해 있는 데이터는 서로 유사점이 없는 속성을 가지게 된다. 만약 어떤 두 개의 데이터가 같은 클러스터 안에 속해 있으면, 분석에 사용되지 않은 다른 특성 또한 공유할 확률이 높다.

Clustering은 대표적인 비지도 학습(unsupervised learning) 방법이다. 문제(데이터)는 주지만 답(레이블)은 따로 표시하지 않는다. 그냥 데이터를 가져다 주면 알아서 특성과 분포에 따라 그룹화해준다. 여기서 중요한 점은, 컴퓨터는 자기 나름의 계산으로 데이터들을 적절한 개수의 그룹으로 나누어주지만, 각 그룹이 가지는 의미와 활용도를 찾아내는 것은 분석자의 몫이라는 것이다.

Clustering의 주요 모델로는 k-Means(k평균 군집화)와 Hierarchical Clustering(계층적 군집화) 등이 있다.

1) 쇼핑몰 고객 그룹 나누기

첫 번째로 해볼 실습은 쇼핑몰 고객 그룹 나누기이다. 고객의 성별, 나이, 연 수입과 소비점수의 데이터를 가지고 오렌지를 이용해 어떻게 간편히 세분화 할 수 있는지 알아보자. 우선 데이터셋부터 다운받자.

데이터셋 다운로드

http://bit.ly/mall_customers

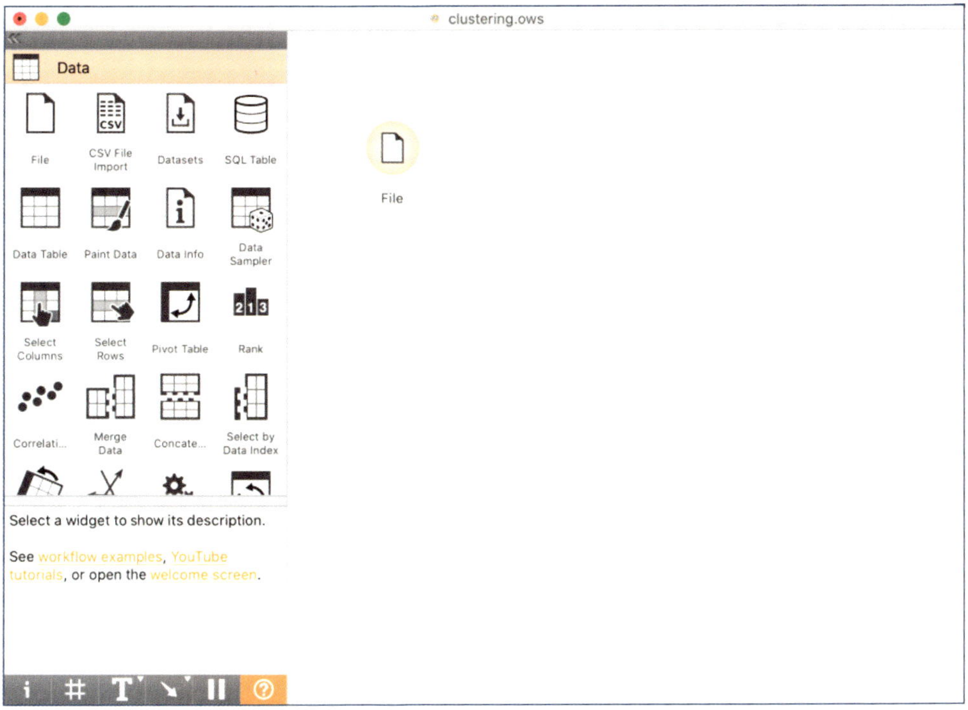

File 아이콘을 불러오고

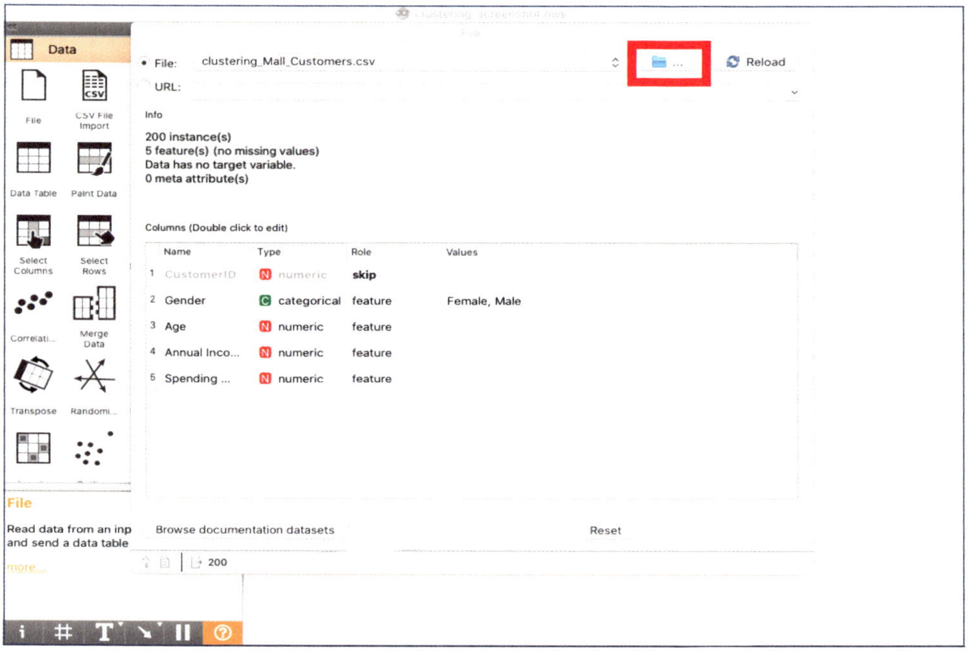

File 아이콘을 클릭한 후 뜨는 창에서 우측 위쪽 서류 모양을 클릭해, 앞서 다운받은 데이터셋 clustering_Mall_Customers.csv를 불러온다.

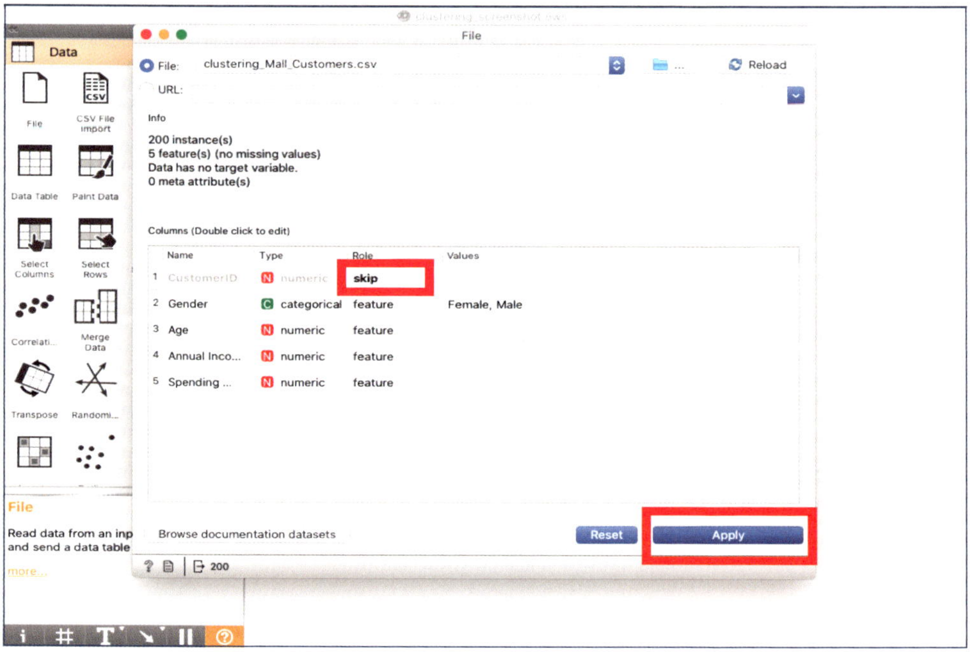

변수 종류가 5개밖에 안 되는 아주 간단한 데이터셋이다. 그런데 이 중 Customer ID는 그냥 순서대로 붙이는 고객번호이기 때문에, 이게 고객 특성에 따라 그룹을 나누는데 쓸 만한 정보라고 보기는 어렵다. 그래서 인공지능이 분석할 때 이 변수는 무시하고 넘어가게 Role 을 skip으로 바꿔주자.

나머지 변수들은(Gender 성별, Age 나이, Annual Income 연간 소득, Spending Score 소비 수준) 모두 분석에 참고할 만한 정보들이므로 Feature로 그대로 두면 된다.

참고로 앞서 해본 객관식 예측 Classification이나 주관식 예측 Regression과 달리, Target으로 설정하는 변수가 없다. 그래서 비지도 학습인 것이다.

다 확인했으면 우측 아래 Apply를 누르고 오른쪽 위 x자를 눌러 창을 꺼주자.

불러온 데이터를 확인할 수 있게 File 아이콘의 오른쪽 바에서 선을 그어 빼준 후, Data Table을 불러오자.

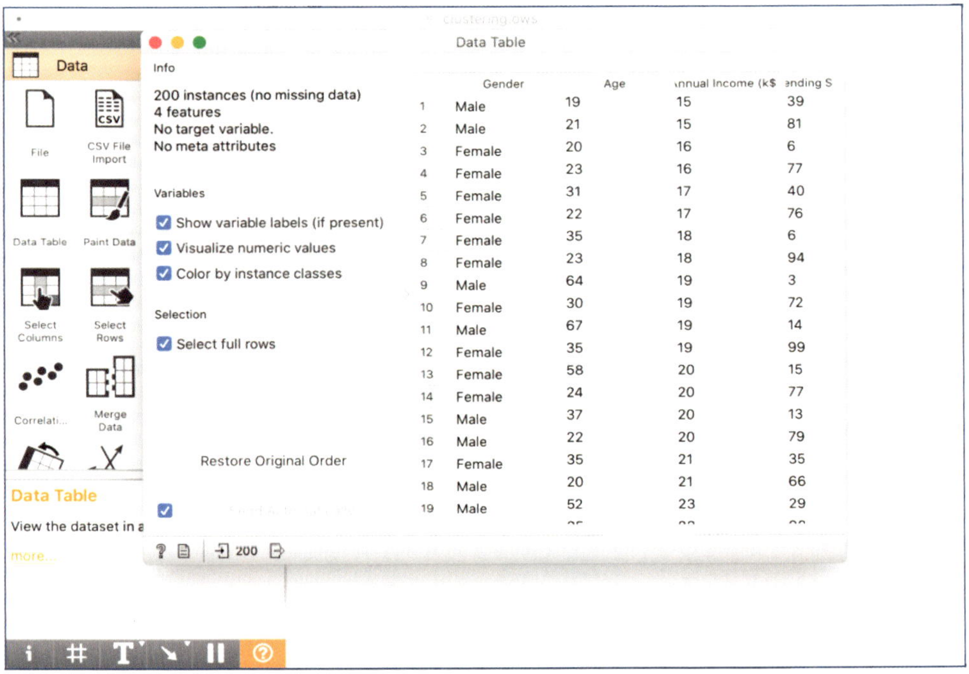

Data Table을 더블클릭하면 어떤 모습으로 정보가 정리되어 있는지 확인할 수 있다.

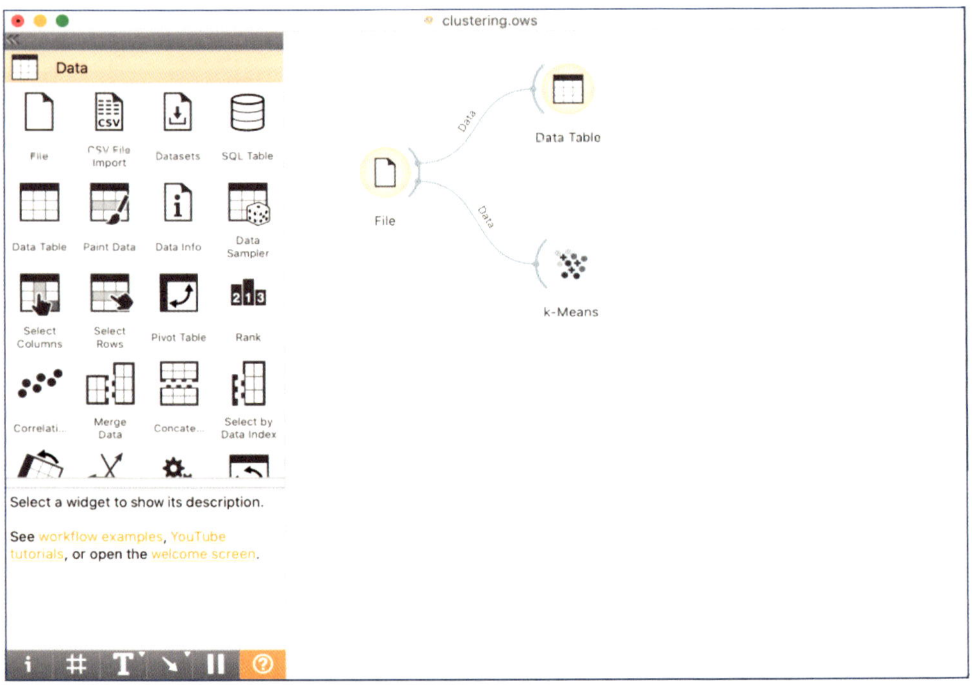

이제 Clustering을 하기 위해, File에서 오른쪽으로 선을 그어 뺀 후, 선택창에서 k-Means 아이콘을 찾아 불러오자. k-Means는 Clustering에서 자주 사용되는 대표적인 모델이다. k-Means의 k는 임의의 값인데, 분석가가 원하는 숫자를 말하면 그에 맞춰서 그룹 개수를 만들어준다는 뜻이다. 예를 들어 2개로 나눠줘 하면 2개로 나눠주고, 5개로 나눠줘 하면 5개로 나눠준다.

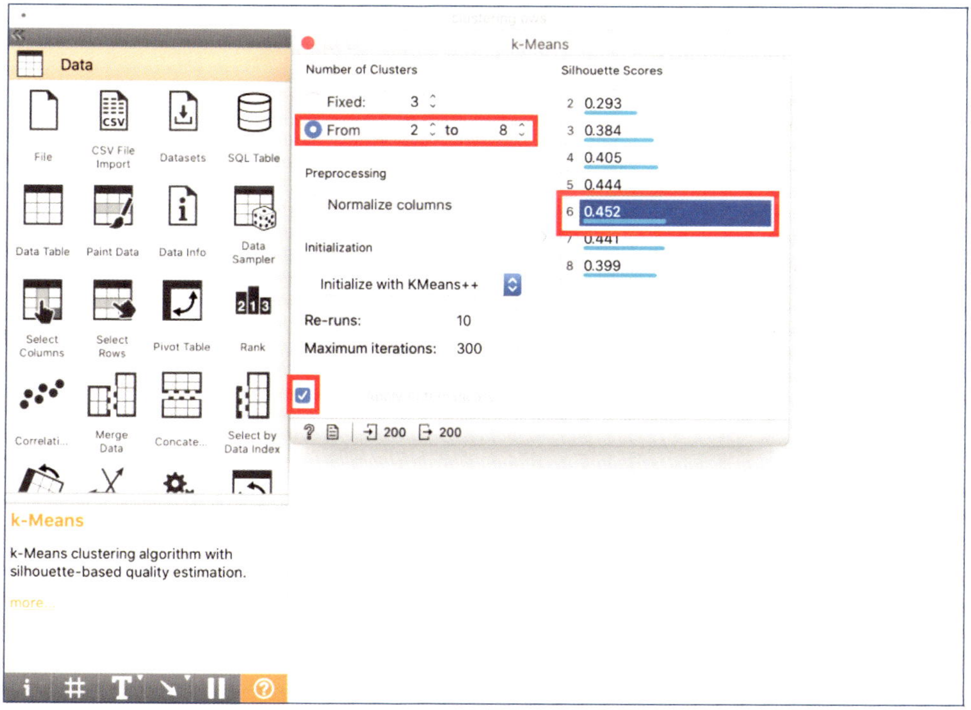

k-Means 아이콘을 더블클릭하면 위와 같은 창이 뜬다. 처음에는 Fixed로 선택이 되어 있고 아마도 3개로 그룹을 나누게끔 선택되어 있을 것이다. k-Means는 분석가가 원하는 대로 그룹수를 나눠주기 때문에, 저 3개라는 숫자를 원하는대로 바꾼 다음 결과를 확인해도 된다.

하지만 분석가가 원하는 그룹 숫자가 꼭 가장 합리적이고 정확한 그룹개수라고 보기는 어렵다. 그냥 원하는 숫자를 말한 것이기 때문이다. 그러므로 정말로 객관적이고 적절한 결과를 보고 싶다면, Fixed 아래 쪽에 있는 From을 클릭해보자. 그러면 기계가 생각하기에 가장 적절한 그룹 개수가 몇 개인지 나온다. 위 그림에서 보면 인공지능이 우리에게 총 6개 그룹으로 나누는 게 적절해 보인다고 제안하고 있음을 알 수 있다. 오른쪽에 나오는 Silhouette Scores가 높을 수록(1에 가까울수록) 적절하다는 뜻이다. 한 번 컴퓨터를 믿고 어떻게 나눴는지 확인하러 가자.

우선 k-Means에서 Data Table을 이어 불러와보자.

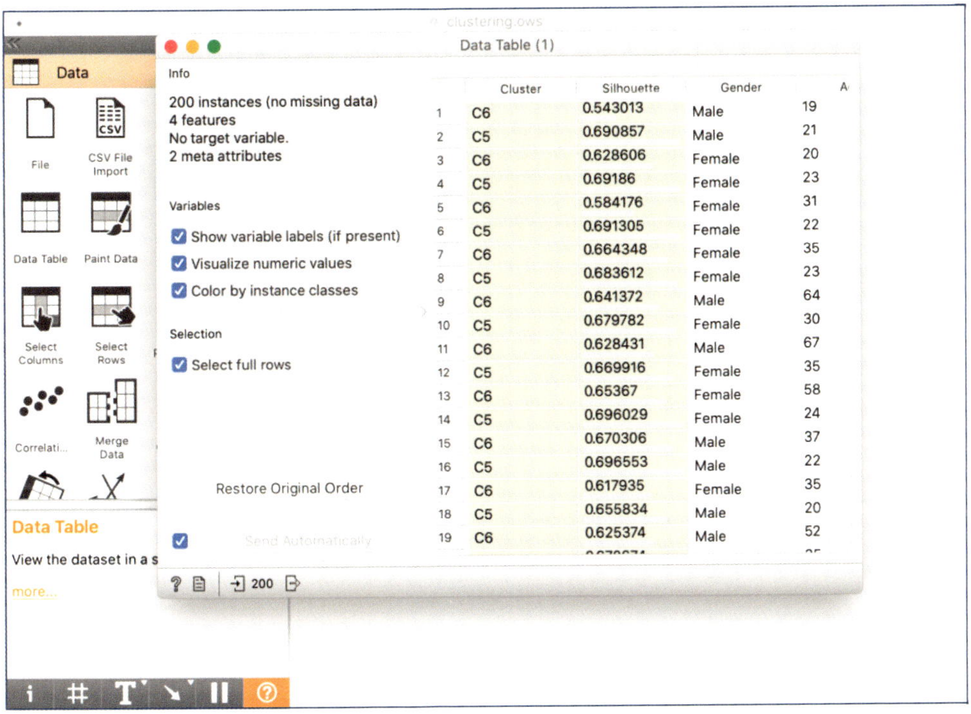

전과 다르게 Data Table에 Cluster항목이 추가되었고, 각 고객이 cluster 1에서 cluster 6 중 하나로 배정된 것을 확인할 수 있다. 하지만 이렇게만 보면 뭔가 눈에 잘 안 들어오니, 다른 방법으로 더 살펴보자.

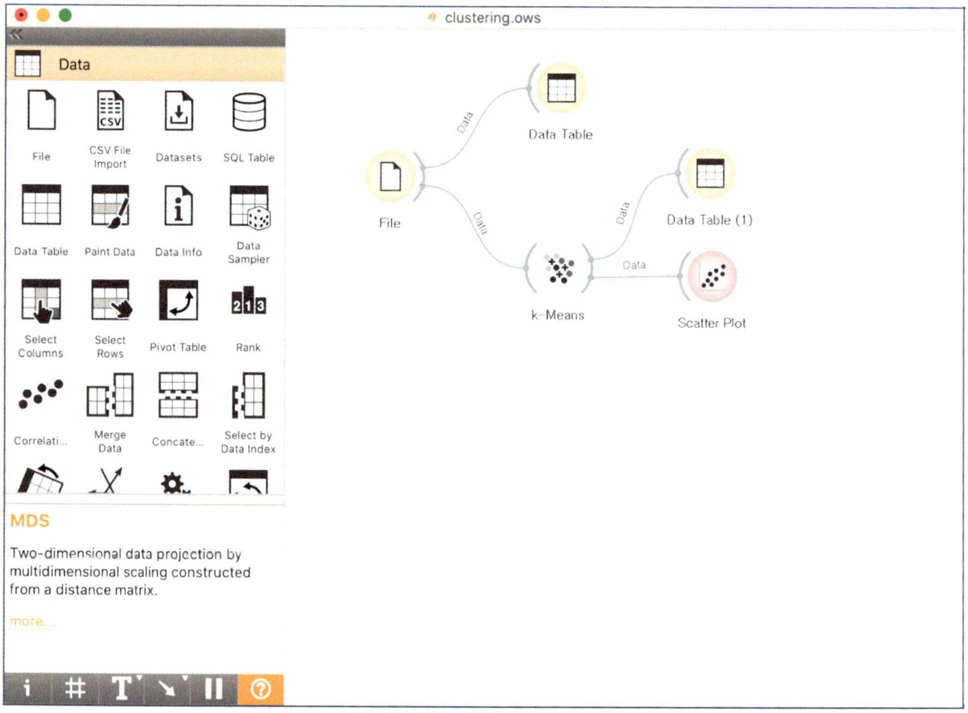

이번에는 k-Means에서 오른쪽으로 그어 Scatter Plot을 불러와보자. 마우스 커서를 k-Means 오른쪽에 대고 왼쪽 버튼을 꾹 누른 채로 우측으로 긁어 뺀 후, 버튼을 떼면 뜨는 선택창에서 scatter 라고 검색하면 나온다. 이름 그대로 데이터를 뿌려주는 차트이다. 불러왔으면 Scatter Plot을 더블클릭해보자.

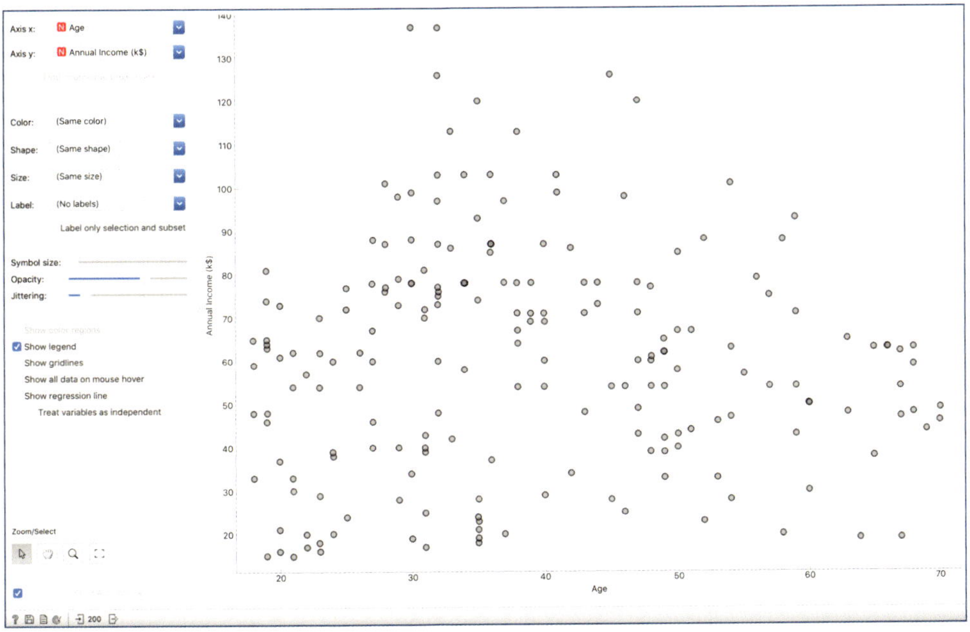

처음 들어가면 점들이 모두 같은 색으로 되어 있고 뭉쳐있어서 별로 잘 구분되어 보이지 않는다. 당황하지 말고 왼쪽 메뉴에 있는 Color 부분을 클릭해 (Same color)로 되어 있던 것을 Cluster로 바꿔주자. 그러면 6개 클러스터별로 다른 색깔로 점들이 구분된다. 하지만 여전히 여기저기 뭉쳐 있어서 잘 그룹화되어 있지는 않은데, Color 바로 위에 있는 Find Informative Projections 버튼을 클릭한 후 아래 쪽에 있는 Start 버튼을 눌러주자.

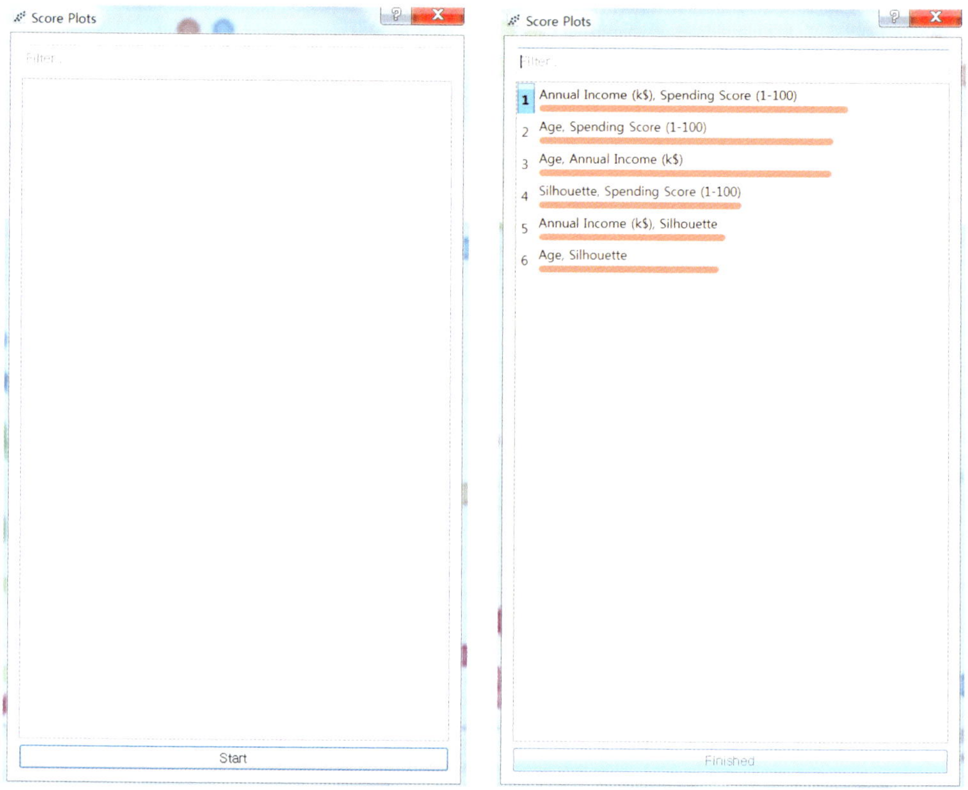

Start 버튼을 누르면, Annual Income(연간 소득)과 Spending Score(소비 수준)을 기준으로 나누면 좋을 것 같다고 인공지능이 제안해준다. 그리고 우측 위 x자를 눌러 창을 끄면, 이제 아까와 달리 깔끔하게 그룹 구분이 된 그래프를 확인할 수 있다.

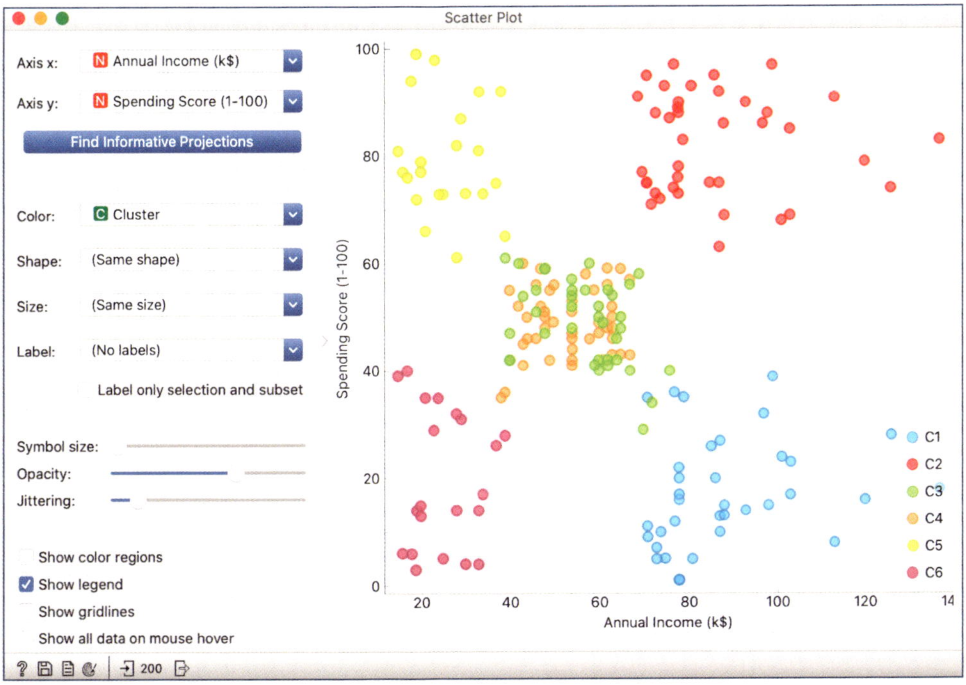

인공지능의 제안대로 X축은 연간 소득, Y축은 소비 수준으로 두니 깔끔하게 그룹이 구분되었다. 그런데 차트를 가만히 보니, 6개가 아니라 5개로 구분해도 되지 않을까 하는 생각이 든다. 가운데에 있는 3번 클러스터와 4번 클러스터는 거의 겹쳐있기 때문이다. 대체 왜 인공지능은 우리에게 5개가 아니라 굳이 6개 그룹으로 나누어보자고 제안한 걸까? 인공지능의 실수일까? 아니면 우리가 모르는 뭔가가 있을까?

이 점을 알아보기 위해 새로운 차트를 열어보자. 우측 위 x자를 눌러 이 창을 끄고 나오자.

k-Means에서 오른쪽 아래로 선을 그어 Box Plot을 불러오자. 그리고 더블클릭하자.

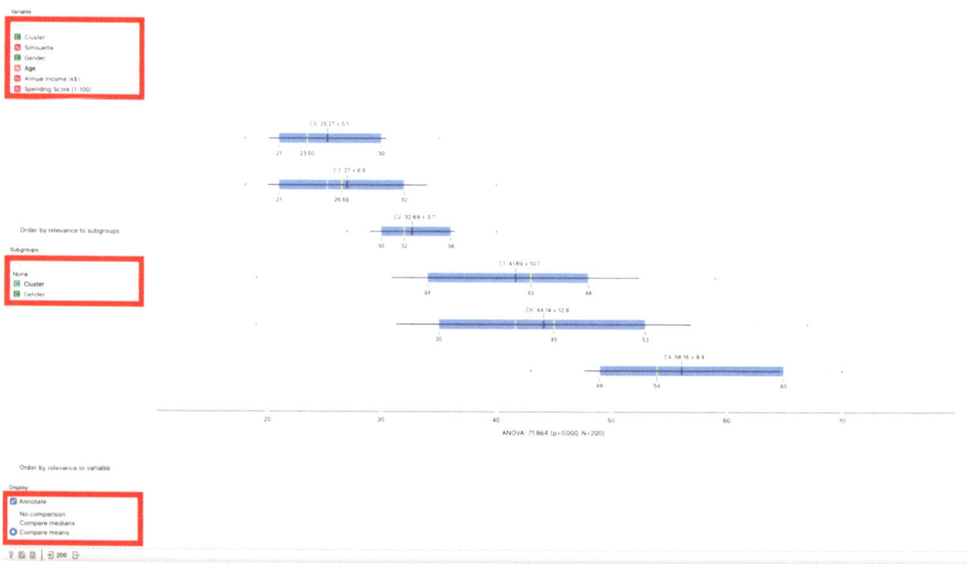

여기서 왼 쪽 가운데에 있는 Subgroups 이 None으로 되어있을 텐데, 이걸 Cluster로 일단 바꿔준다. 그 다음 왼쪽 위에 있는 Variable 들을 순서대로 하나씩 눌러보면 그에 맞는 정보가 오른쪽 화면에 뜬다. 그 중 Age를 누르면, 드디어 인공지능이 우리에게 3번 클러스터와 4번 클러스터를 굳이 구분하자고 한 이유를 확인할 수 있다. 나이 부분에서 확연한 차이가 있는 것이다. 3번 클러스터는 주로 20대이고, 4번 클러스터는 주로 50대였던 것. 즉, 인공지능이 실수한 게 아니라 더 많은 변수들을 종합적으로 고려해 그룹을 나누고 있었던 것이다.

Scatter Plot은 2차원 그래프로 보여줘서 이런 부분이 안 보였던 것인데, 더 높은 차원의 그래프도 확인할 수 있다. MDS(multidimensional scaling: 다차원척도법)를 한 번 사용해 보자.

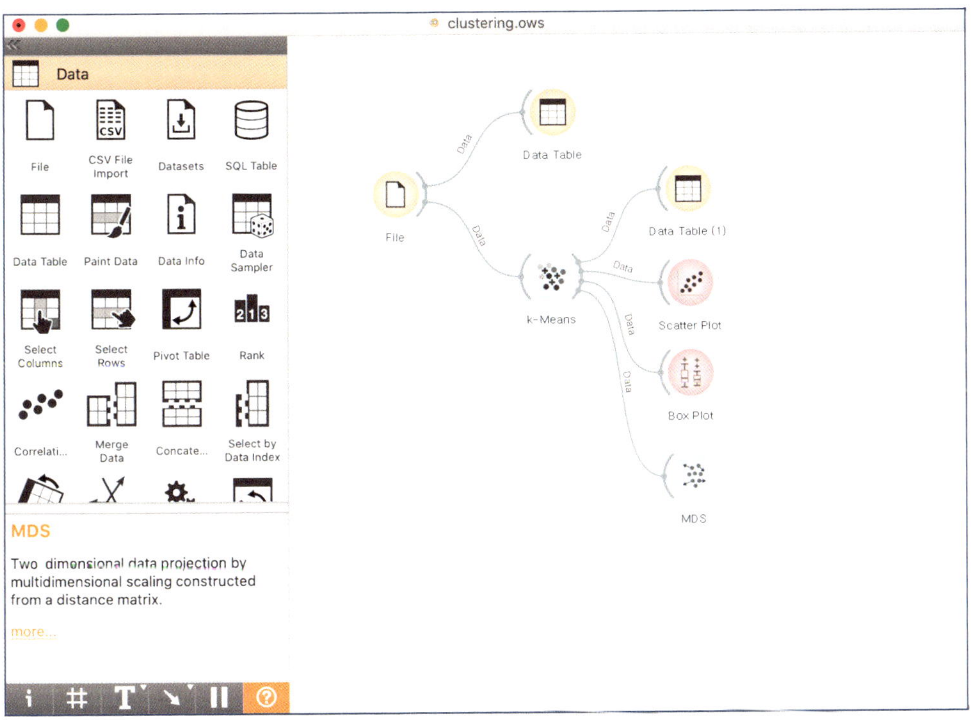

k-Means에서 오른쪽 아래로 선을 그어 MDS를 불러오자. 그리고 더블클릭하자.

Scatter Plot 때보다는 조금 더 3번과 4번 클러스터가 잘 구분되어 보인다.

내친김에 또 다른 차트도 한 번 불러와보자. Linear Projection을 사용해보기로 하자.

k-Means에서 오른쪽 아래로 선을 그어 Linear Projection를 불러오자. 그리고 더블클릭하자.

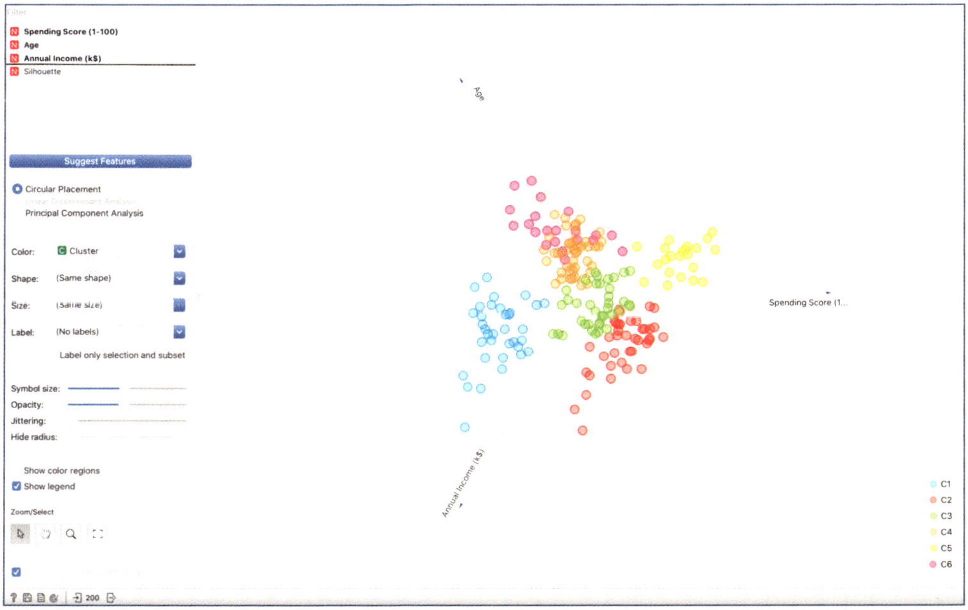

그러면 위와 같은 차트를 확인할 수 있다. 만약 들어왔는데 이렇게 보이지 않으면, 왼쪽 가운데에 있는 Color를 Cluster로 바꾸고, 그 위에 있는 Suggest Features를 누른 후 새로 뜬 창에서 Start 버튼을 누르면 된다. Start 버튼 밑에 Number of Variables(변수 개수)를 선택하는 옵션이 있는데, 거기에서 3개가 아니라 4개로 바꾸면 4개 변수를 모두 고려한 분포가 뜨게 되어 보다 확연히 구분된다.

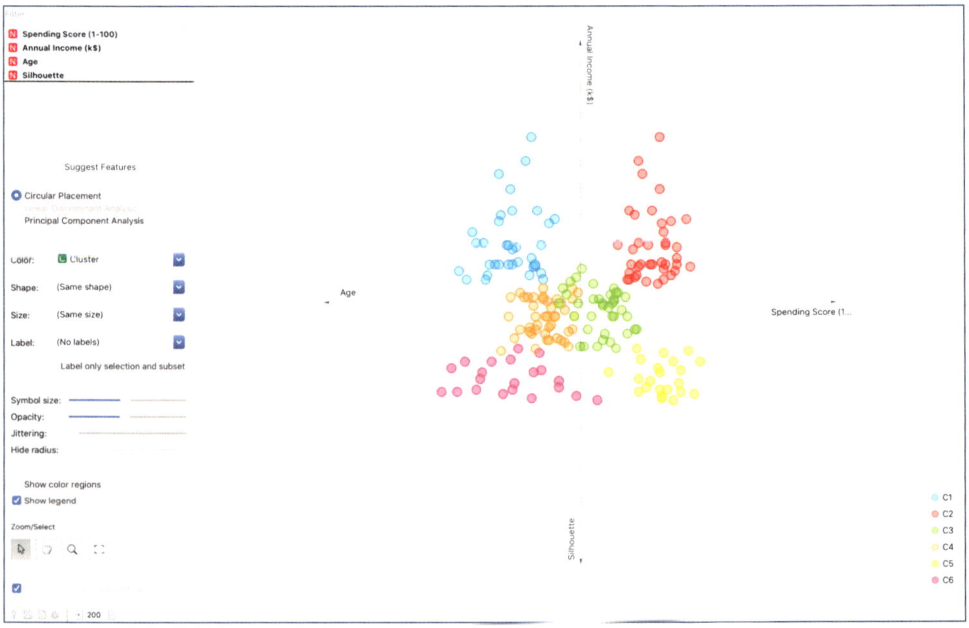

이렇게 4개 변수를 모두 고려한 데이터 분포가 나온다. 확실히 3번과 4번 클러스터는 구분을 해줄 만했다는 걸 다시 한 번 확인할 수 있다.

이렇게 간단한 데이터셋을 가지고 그룹 나누기 Clustering을 해보았다. 실전에서는 이런 인구통계학적 지표(나이, 성별 등) 외에도, 고객의 행태(클릭 등)를 변수로 삼아 구분하면 더 자세하고 의미 있는 그룹 나누기가 가능해지고, 그에 따른 고객별 맞춤대응 전략도 세울 수 있게 된다. Clustering이라는 데이터 분석 기법 자체가 중요한 게 아니라, 어떻게 변수들을 수집해 그룹을 나누고 맞춤 대응을 할 것인가를 생각해내는 분석가의 통찰이 훨씬 중요하다고 할 수 있다. 모든 데이터 분석에 공통적으로 적용되는 이야기이다.

2) 개, 고양이, 호랑이 구분하기

이번에는 이미지 데이터를 Clustering 해보자. 책 초반부에 머신러닝에 대해 설명할 때, 컴퓨터가 개와 고양이를 구분하지 못 하던 문제를, 머신러닝 기법 즉 문제와 답을 알려주고 공식을 깨우치게 하는 방법으로 해결했다고 한 바 있다. 즉 고양이 사진을 잔뜩 보여주면서 '이런 애들이 고양이다, 알겠지?' 이렇게 답을 알려주면 잘 찾아낸다는 뜻인데, 그건 너무 쉬우니까, 그것 말고 그냥 답 없이 개와 고양이를 섞어서 보여주고 Clustering으로 구분해보라고 해도 할 수 있을지, 즉 생김새만으로 구분할 수 있을지 한 번 실험해보도록 하자. 개랑 고양이만 하면 좀 심심하니까, 호랑이까지 포함해서 해보기로 하자.

일단 데이터셋(개, 고양이, 호랑이 그림 각 10장, 총 30장 묶음)부터 다운받아 바탕화면에 압축을 풀자. 참고로 필자가 구글에서 직접 다운받은 이미지들이므로, 직접 자기가 원하는 이미지를 다운받아 실험해봐도 좋다.

데이터셋 다운로드
http://bit.ly/동물그룹

준비되었으면 이제 분석을 시작해보자.

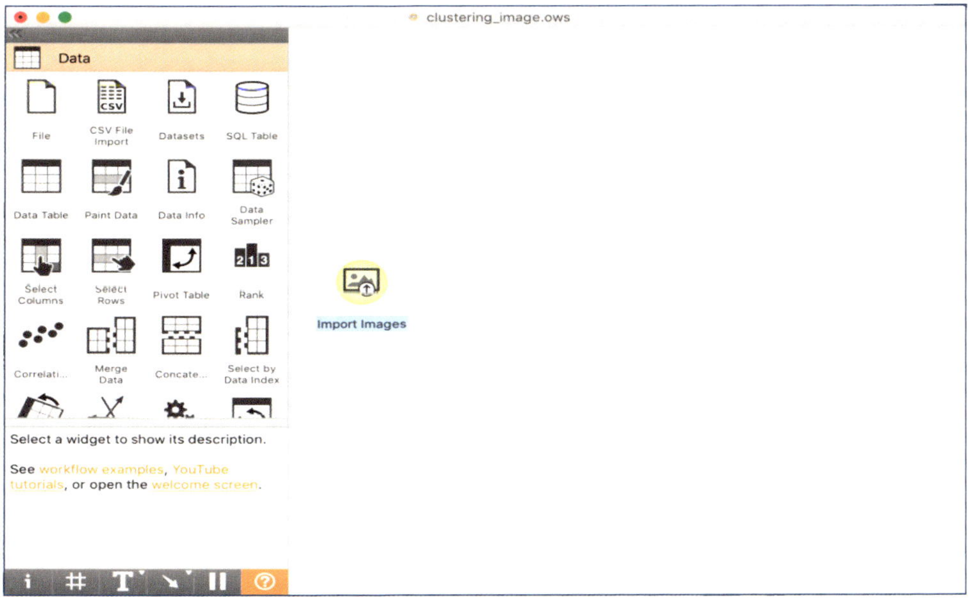

이미지 분석이므로, Import Images 아이콘을 불러오자.

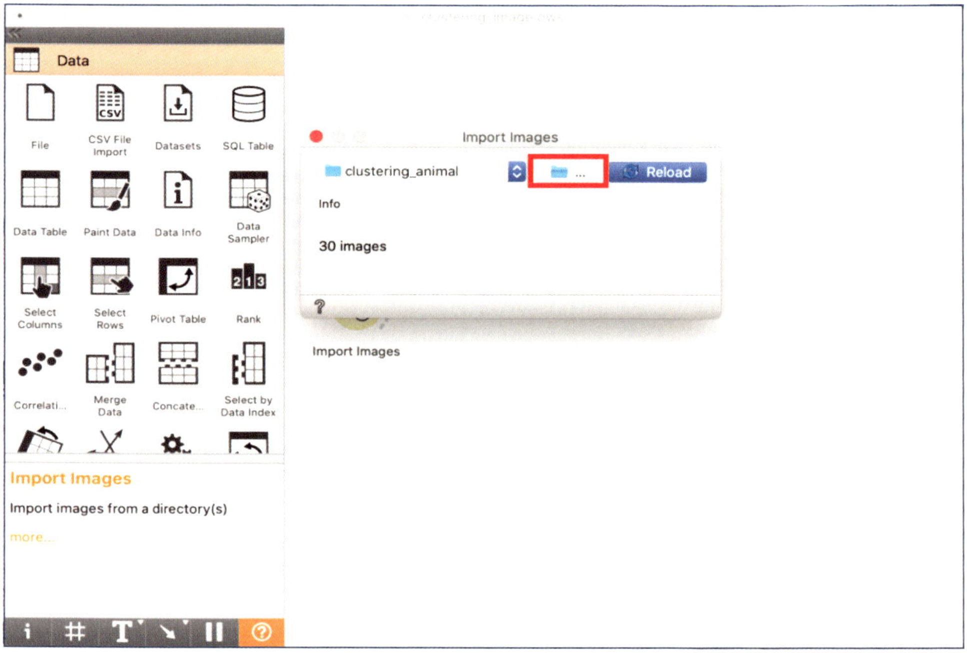

그리고 Import Images 아이콘을 더블클릭한 후, 오른쪽 상단의 서류모양 버튼을 클릭해 다운받은 동물 이미지들을 찾으러 가자.

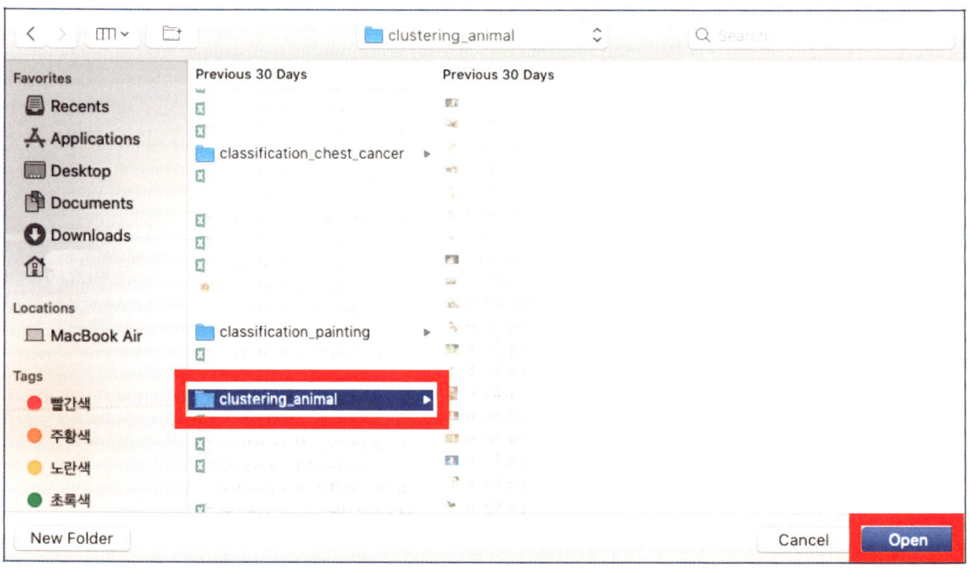

바탕화면에 압축을 풀어두었을 clustering_animal 폴더를 찾아 선택한 후 open을 클릭한다.

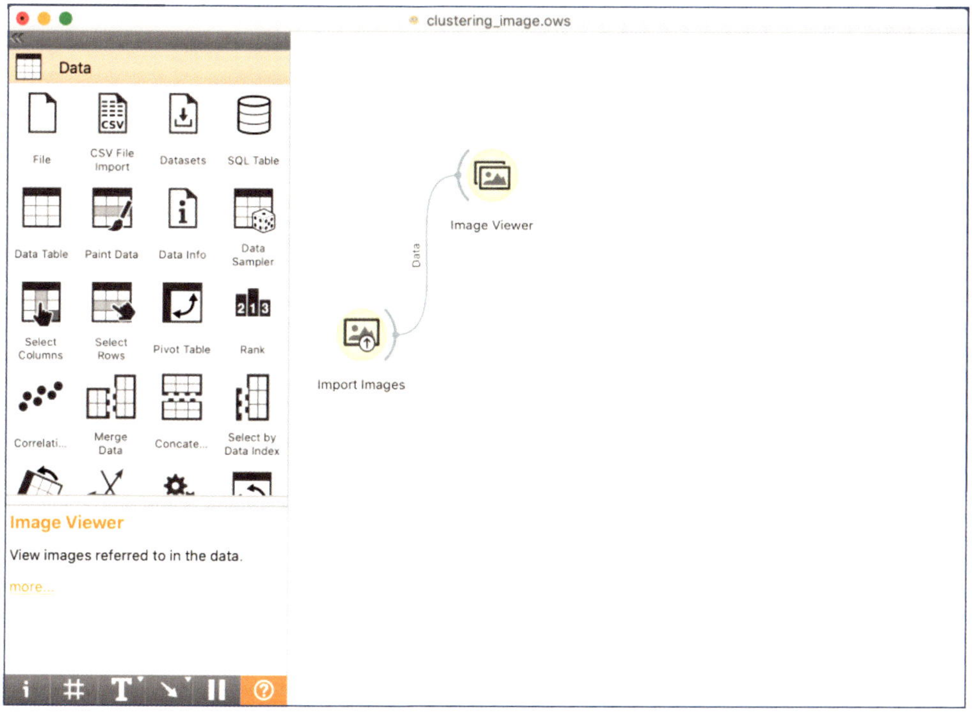

Import Images 아이콘의 오른쪽에서 선을 쭉 그어 Image Viewer를 부른 후 클릭해보면 사진들을 확인할 수 있다.

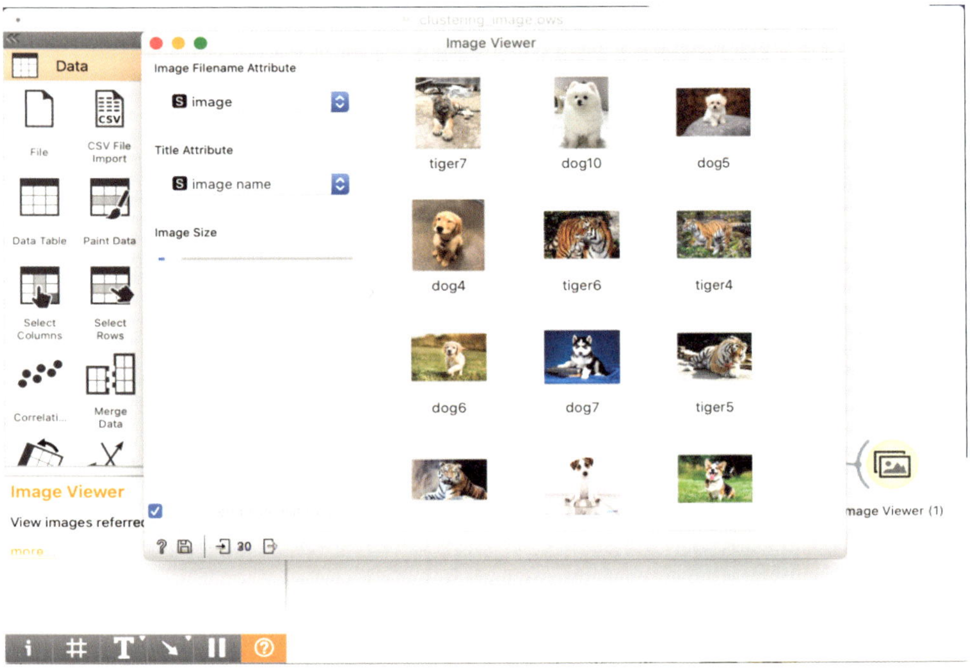

이런 식으로 개, 고양이, 호랑이 사진들이 있다.

이미지를 분석하기 위해 아까와 같은 방법으로 Image Viewer의 오른쪽 바에서 드래그를 해 Image Embedding을 불러온다. 이번에도 역시 기본으로 되어 있는 구글 Inception v3를 쓰면 무난하다.

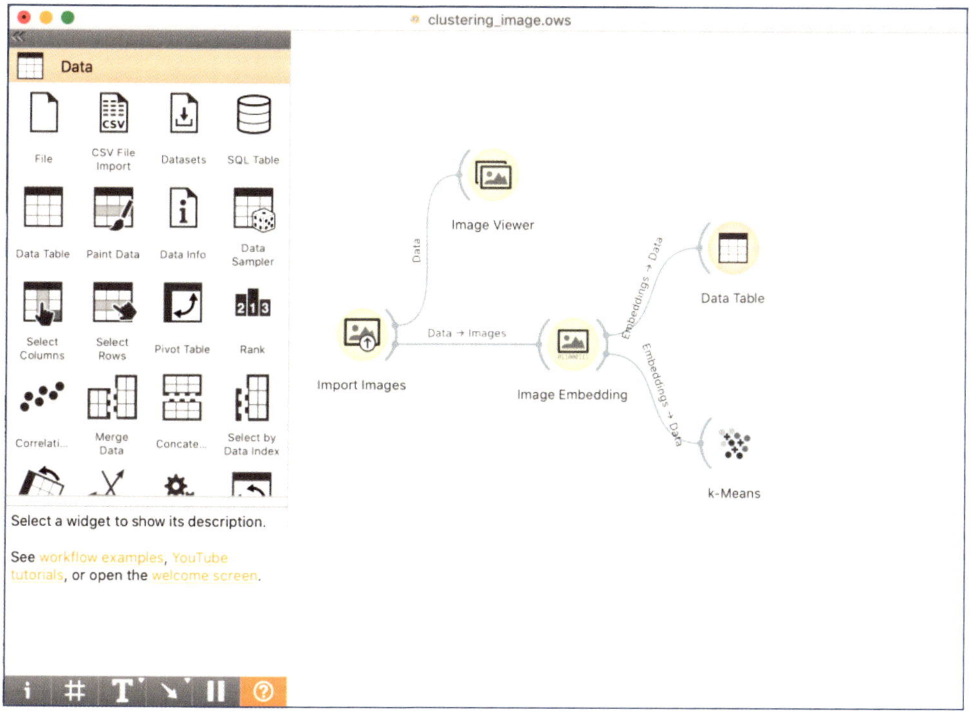

준비가 되었으면 바로 k-Means 를 적용해보자. Image Embedding에서 오른쪽으로 선을 그은 후 k-Means를 불러온다. 그리고 더블클릭한다.

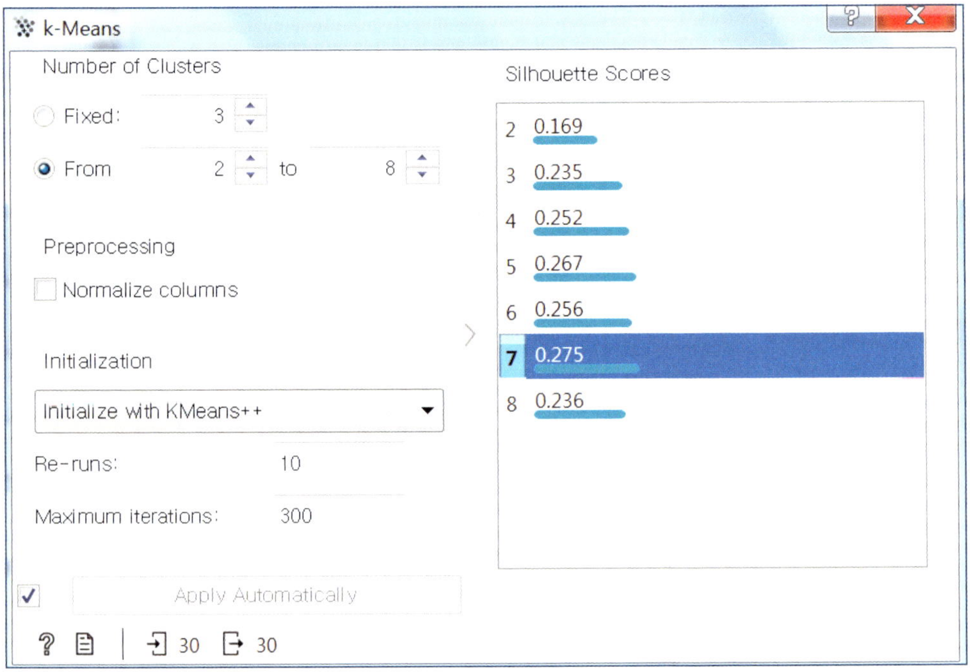

그러면 인공지능이 우리에게 3개가 아니라 7개로 그룹을 나눌 것을 제안하고 있는 걸 확인할 수 있다. 좀 이상하다. 개, 고양이, 호랑이 구분인데 왜 3개가 아니라 7개를 제안하는 걸까? 일단 무시하고 3개를 선택한 후(3 부분을 클릭) 결과를 확인하러 가자.

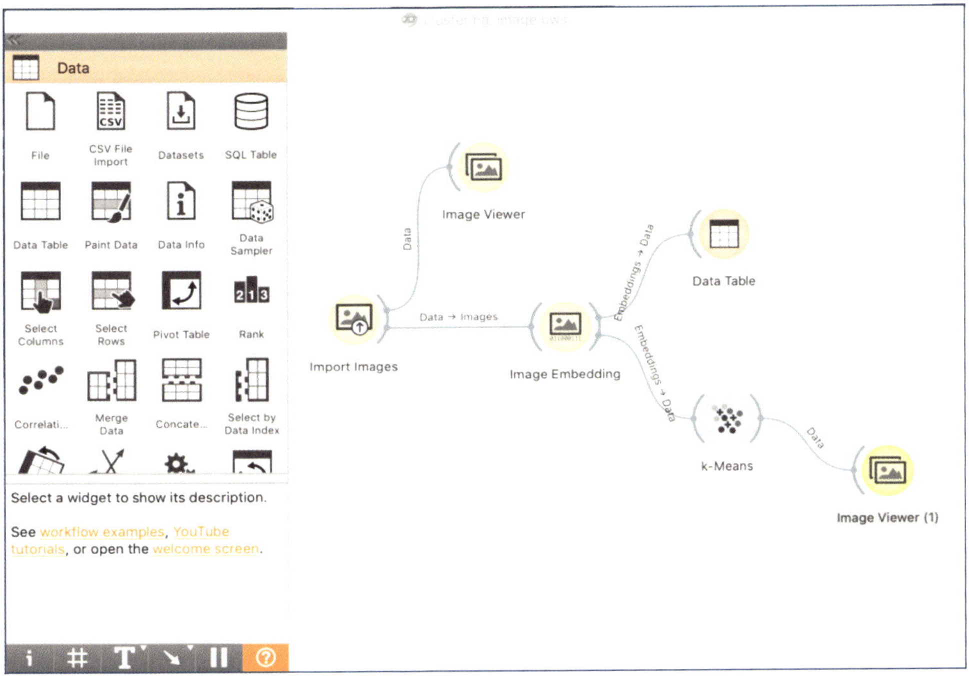

k-Means 오른쪽으로 선을 그어 Image Viewer를 불러온 후 더블클릭하자.

창이 뜨면 왼쪽에 있는 Title Attribute를 Cluster로 바꿔주자. 그리고 살펴보면, 고양이는 2번, 개는 1번, 호랑이는 3번으로 깔끔하게 구분되어 있는 것을 확인할 수 있다. 이게 고양이야, 이게 개야, 이게 호랑이야 라고 알려주지 않았지만, 생김새만 보고 구분을 해내는 것이다.

그런데 한 가지 마음에 걸리는 부분이 있다. 왜 인공지능은 아까 우리에게 3개가 아니라 7개로 그룹을 나눌 걸 제안한 걸까? 찜찜하니까 다시 창을 끄고 k-Means로 돌아가(더블클릭), 처음 제안대로 7을 선택해보자. 그리고 다시 돌아와 Image Viewer를 확인해보자.

오... 이유가 있었다. 고양이나 호랑이는 변화가 없는데, 개를 조금 더 세분화해서 구분한 것이다. 인공지능이 보기에 모양, 색깔 등을 고려하면 얘네들을 똑같은 그룹으로 보는 것보다 이렇게 나누는 게 더 적절해 보인다는 것이다.

우리가 개와 고양이 호랑이에 대해 전혀 알려주지 않았음에도 불구하고, 그리고 각각 10장씩밖에 이미지가 없었음에도 불구하고 컴퓨터가 깔끔하게 구분해낸 비결은 뭘까? 우리가 Image Embedding 과정에서 사용했던 구글의 inception v3 라는 모델이 이미 수많은 이미지 데이터를 가지고 미리 충분한 공부를 했던 똑똑한 아이(심지어는 세계 인공지능 이미지 분석 대회 우승자 출신)이기 때문이다. 이렇게 미리 공부한 똑똑한 모델(경력직이라고 할까?)을 가지고 와서 그 노하우를 살려 분석하는 방법을 Transfer Learning(전이학습)이라 한다. 특히 이미지 분석 같은 경우는 개별 분석가들이 인공지능을 충분히 학습시키기 힘들기 때문에, 이런 식으로 전이학습을 많이 사용한다.

아무튼 이미지도 그룹 나누기 Clustering이 가능하다는 걸 확인했다. 이제 이런 기법을 내 비즈니스에 어떻게 적용할지 고민하고 탐구하는 건 각자의 몫이다.

7

고객 선택 예측 Association Rule: 구매할 상품 예측하기

이번에는 실제 비즈니스에 대단히 긴밀하게 활용될 수 있는 데이터 분석을 해보자. 흔히 장바구니 분석이라고 알려져 있는, 고객 선택 예측, Association Rule이다. 보통 연관규칙 분석이라고도 표현한다.

고객 선택 예측은, 여러 데이터 사이의 연관성을 찾아 고객의 선택을 예측하는 분석법이다. 상품 A를 선택한 고객이 상품 B도 선택할 확률이 몇 퍼센트인지, 즉 고객이 어떤 상품들을 주로 함께 선택하는지 등의 추측이 가능하다. 유튜브나 넷플릭스의 콘텐츠 추천, 포털 사이트의 당신이 좋아할 뉴스, 인터넷 쇼핑몰의 상품 추천과 같은 개인화 추천 서비스들의 구현에도 활용될 수 있는 대단히 유용한 분석법이다.

일단 데이터셋부터 나운받아 바탕화면에 풀어두자.

데이터셋 다운로드
http://bit.ly/고객선택예측

준비되었으면 분석을 시작하자.

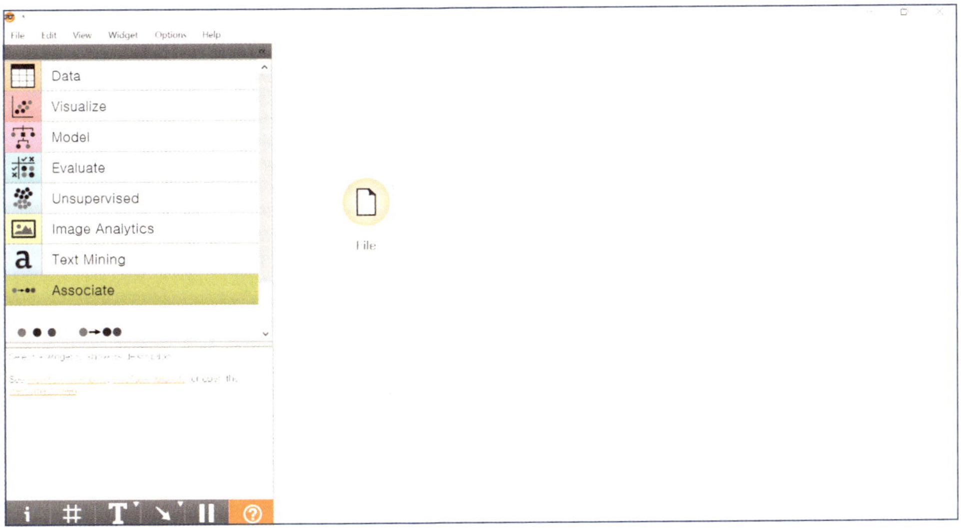

File을 불러온 후 더블클릭하자. 그리고 우측 위에 있는 서류 모양을 클릭해 방금 다운받아둔 데이터셋 association_rule_market_basket.csv 파일을 찾아 불러오자.

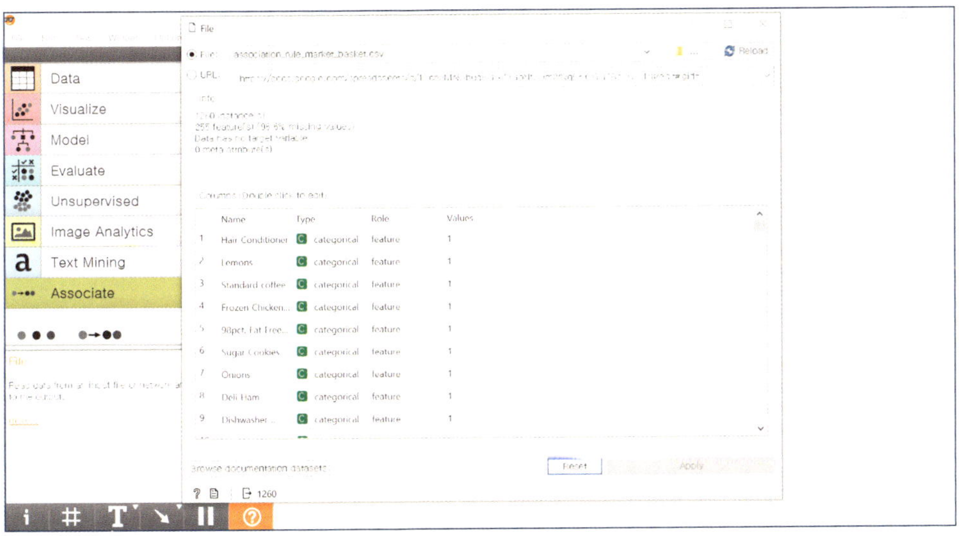

위와 같은 화면이 나오면 성공이다. Hair Conditioner, Lemons 등 이 쇼핑몰에서 판매하는 상품 255개가 변수로 들어가있고, 모두 Role 역할은 Feature 즉 분석의 재료로 설정되어 있음을 알 수 있다. Target 설정이 없으므로, 이러한 고객 선택 예측 즉 연관규칙 분석은 비지도학습이라는 것도 확인할 수 있다.

변수들의 Type은 categorical 즉 범주형(객관식 보기)으로 되어 있는데, 그 이유는 이 데이터셋이 고객이 각 상품을 구매했느냐 안 했느냐 즉 Yes No로 구분해서 표시해둔 것이기 때문이다. 보통 구매했으면 1, 구매 안 했으면 0 이런 식으로 표기하는데, 필자는 편의상 구매 안 한 부분은 0이 아니라 아예 공란으로 두고 구매했을 때만 1로 표시했다. 그래서 Values 부분에 다 1이라고만 적혀있는 것이다.

다 살펴봤으면 우측 위 x자를 눌러 창을 끄자.

이제 바로 분석으로 들어가보자.

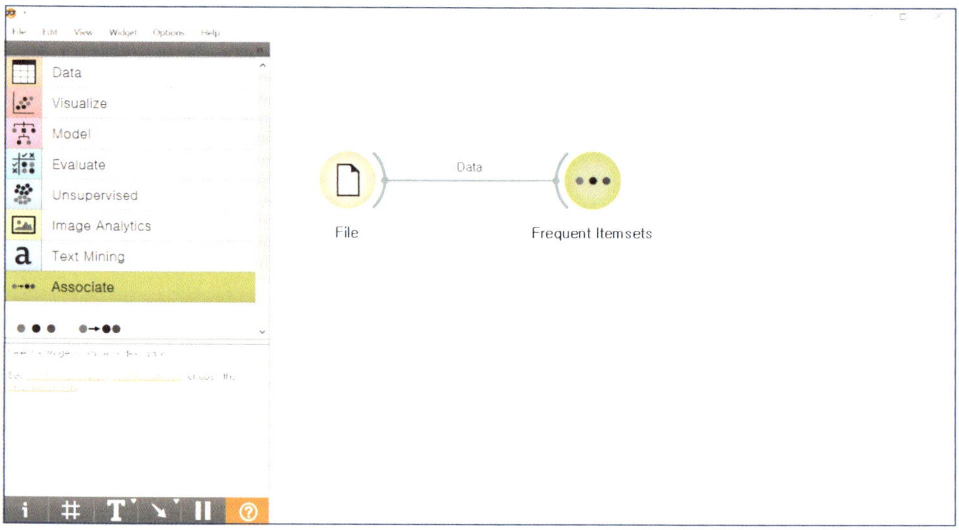

File에서 오른쪽으로 선을 그어 뺀 후, 선택창에서 Frequent Itemsets(자주 함께 선택하는 목록)을 검색해 불러온다. 만약 이 아이콘이 없다면 확장팩(add-ons)이 설치되지 않은 것이므로, Part 1의 3장 2챕터를 참고해 추가기능 associate을 설치하자.

정상적으로 Frequent Itemsets를 불러왔으면, 더블클릭을 하자.

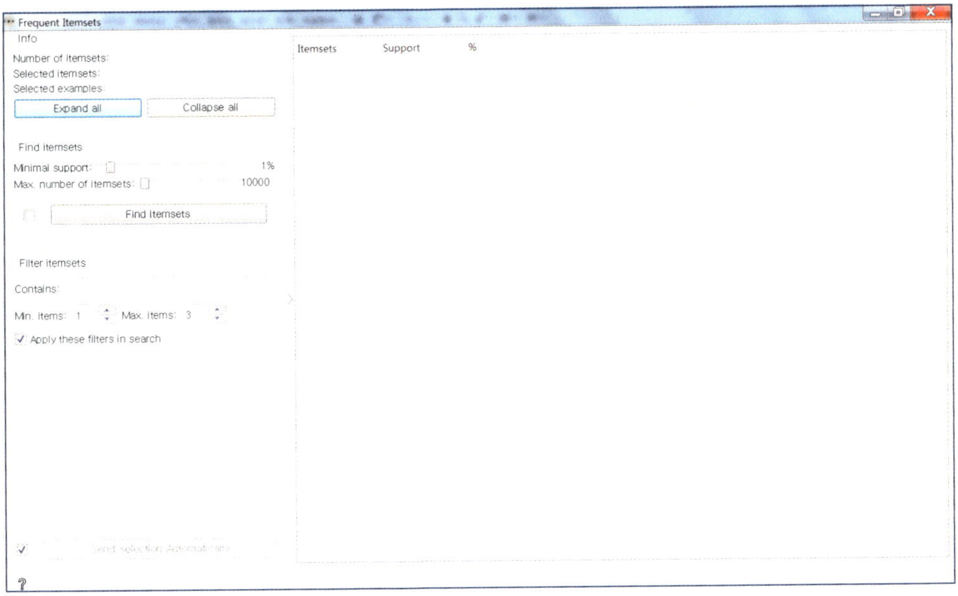

위와 같이 창이 뜨면, 왼쪽에 있는 Find Itemsets 메뉴에서 Minimal support를 1%로 맞춘 후 아래에 있는 Find Itemsets 버튼을 눌러주자. Support는 출현빈도, 비중을 말하는 것으로, 지금 하는 Minimal Support 설정은 전체 거래 중에 최소한 몇 % 이상의 빈도, 비중을 가지는 결과만 보고 싶다고 골라내는 과정이다. 그런데 상품도 많고 거래도 많으면 발생빈도나 비중이 그렇게 높을 수가 없기 때문에, 1% 혹은 0.1%와 같이 숫자를 낮게 설정해야 결과물들을 확인할 수 있다.

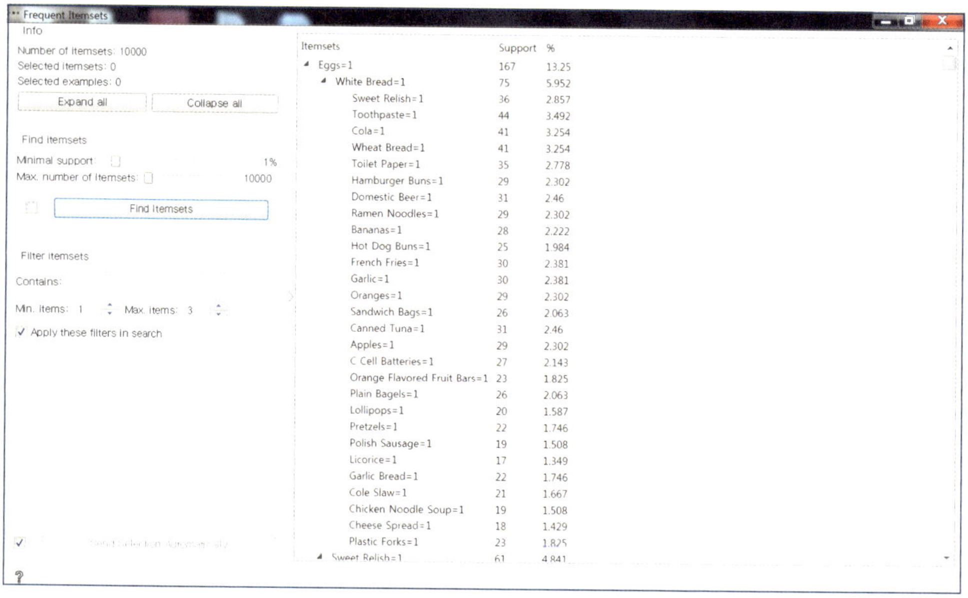

Minimal Support를 1%로 낮춘 후 Find Itemsets 버튼을 눌렀더니 위와 같은 결과가 나온다. 하나씩 해석해보자면, 일단 제일 위 Eggs=1 이란 달걀을 구매한 경우를 말한다. 이 거래가 167회 이루어졌고, 전체 거래의 13.25%에 달하는 빈도, 비중을 가지고 있다는 뜻이다.

그 아래 줄을 보면 White Bread=1 이라고 되어 있는데, 이건 당연히 흰 빵을 산 거래라는 뜻이다. 그런데 이 거래는 달걀과 수직으로 나란히 되어있는 게 아니고 오른쪽으로 한 칸 들어가있다. 이건 and 를 뜻한다. 즉, 그냥 흰 빵을 산 경우가 아니라, 달걀을 사고 흰 빵도 산 경우가 75회, 전체 거래의 5.952% 비중이라는 것이다.

그 아래 줄에 있는 Sweet Relish=1 이라는 부분도, 역시 오른쪽으로 한 칸 들어가있으므로 똑같이 and이다. 즉 달걀을 사고 흰 빵도 사고 달콤한 소스까지 산 경우가 36회, 전체 거래의 2.857% 비중이라는 뜻이다.

그 아래 줄 Tooth Paste=1 부분은 오른쪽으로 한 칸 들어가지 않고, Sweet Relish=1 과 수직으로 나란히 되어 있다. 그러면 이건 달콤한 소스를 산 거래와 이어지는 게 아니고 그 위 거래와 이어지는 것이다. 즉, 달걀을 사고 흰 빵도 사고 치약도 산 경우가 44회, 전체 거래의 3.492% 비중이라는 뜻이다.

이렇게 자주 함께 사는 상품들의 목록을 바로 확인할 수 있다. 이런 정보를 알면 어떻게 활용할 수 있을까?

당연히 자주 함께 사는 상품들끼리 나란히 진열해두거나, 묶음 할인 이벤트를 할 수도 있을 것이다. 혹은 더 과감하게 일부러 멀리 떨어뜨리는 전략도 생각할 수 있다. 어차피 같이 살 상품이니까, 그걸 찾으러 가는 동안 다른 상품들을 많이 거치게 해서 추가구매, 충동구매의 확률을 높여보려는 공격적인 전략이다.

데이터 분석은 누구나 할 수 있지만, 그걸 비즈니스적으로 활용하는 건 완전히 다른 이야기이다. 진짜 경쟁력 차이는 여기서 벌어진다.

이제 조금 더 자세한 분석을 해보자. 자주 같이 사는 상품 정도가 아니라, A 상품을 샀을 때 B상품을 살 확률 등을 알아보고 싶은 것이다. 이를 위해서는 Association Rules 아이콘을 불러와야 한다.

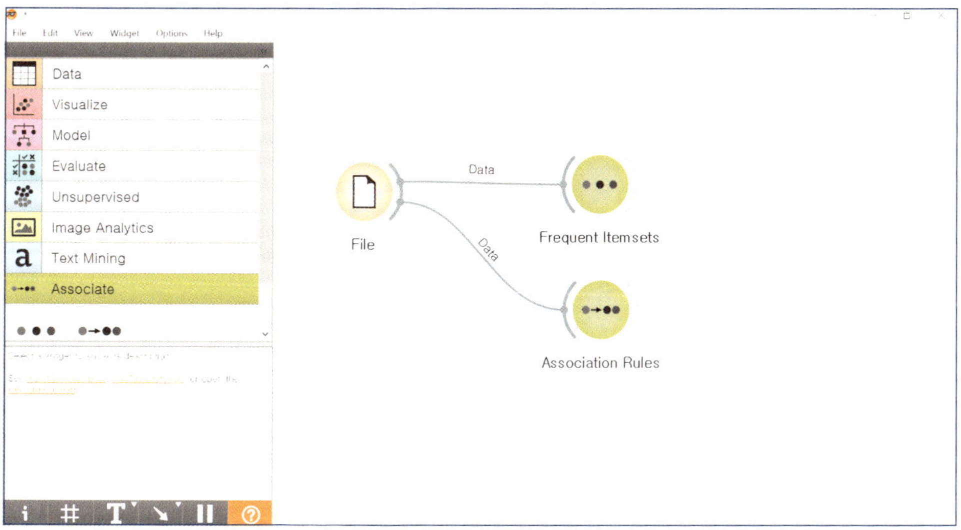

File에서 오른쪽 아래로 선을 그어 선택창에서 Association Rules를 검색해 불러온다. 그리고 Association Rules 아이콘을 더블클릭하자.

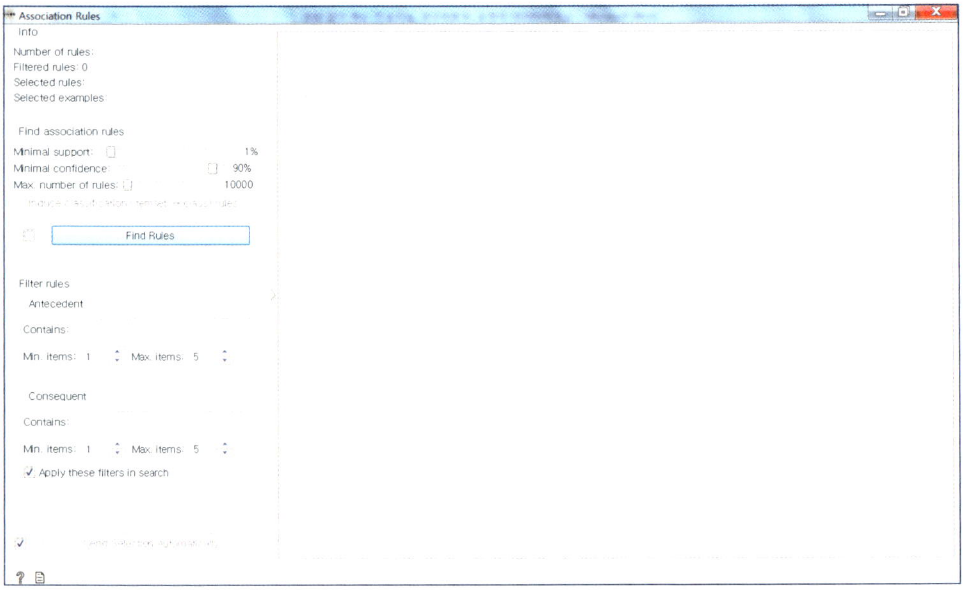

위와 같은 창이 뜨면, 아까처럼 왼쪽에 있는 Find association rules 메뉴에서 Minimal Support(최소 출현 빈도, 비중)를 1%로 낮춰주자.

그리고 그 밑에 보면 Minimal confidence 라는 설정이 있다. confidence는 말 그대로 자신감 즉, 예측의 확률, 예측의 강도를 말한다. 이제 인공지능이 우리에게 "A 상품 사면 B 상품도 삽니다"라고 말해줄 건데, 그때 우리가 "그래? 너 그거 확신할 수 있어?" 이렇게 물었을 때, "네! 100% 확신합니다!" 혹은 "네! 90% 확신합니다!" 이런 식으로 인공지능이 답할 수 있다. 바로 이 100%, 90%, 80% 숫자가 confidence이다. 100% 확실한 예측만 보고 싶다면 Minimal confidence를 100%로 두면 되고, 90%도 괜찮다면 90% 이런 식으로 분석가가 선택하면 된다. 여기서는 일단 90%로 두고 살펴보기로 한다.

다 됐으면 아래에 있는 Find Rules 버튼을 눌러주자.

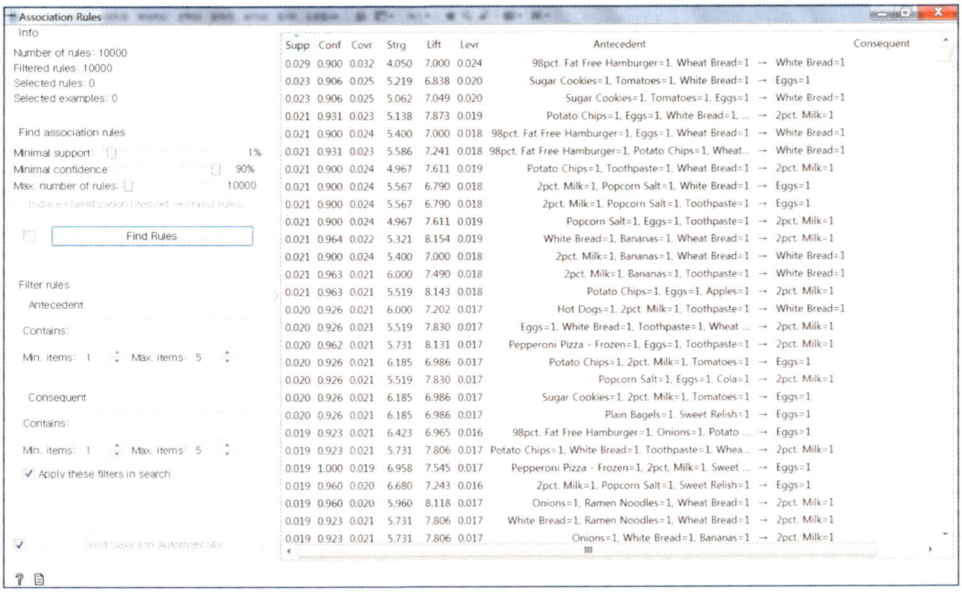

잠시 계산이 끝나면, 위와 같은 식으로 인공지능이 찾아낸 여러 규칙들(고객의 선택을 예측하는)이 나온다.

일단 Antecedent는 조건이다. "만약 달걀을 사면~~" 이 부분이다. Antecedent 쪽에 98pct. Fat Free Hamburger=1, Wheat Bread=1 이렇게 적혀있는 건, "98% 무지방 햄버거와 호밀빵을 사는 고객은~~" 이라는 뜻이다.

그 오른쪽 Consequent는 결과 즉 예측이다. White Bread= 1이라는 건, "흰 빵도 산다"는 뜻이다. 조건 Antecedent 부분과 합쳐서 읽으면 "98% 무지방 햄버거와 호밀빵을 사는 고객은, 흰 빵도 산다"라고 인공지능이 우리에게 알려주고 있는 것이다. 그래? 너 얼마나 확신하는데? 싶어서 왼쪽에 있는 conf(confidence) 숫자를 읽어보니, 0.900이라고 나온다. 90% 확신한다, 90%의 확률을 가지고 있다는 뜻이다.

두 번째 줄 Sugar Cookies=1, Tomatoes=1, White Bread=1 -> Eggs=1 이 부분은, "설탕 쿠키, 토마토, 흰 빵을 사는 고객은, 달걀도 산다"라는 예측이고, conf가 0.906인 걸로 봐서 90.6% 확률이라는 뜻임을 알 수 있다.

그러면 갑자기 의구심이 생길 수 있다. "에이~ 달걀은 아까 보니까 원래 제일 많이 사는 상품이던데, 그래서 그렇게 나오는 거 아니야? 설탕 쿠키, 토마토, 흰 빵 샀다고 달걀을 사는 게 아니고, 그냥 원래 많이 사는 상품이라 얻어 걸린 거 아니냐고?" 라는 생각. 아주 날카로운 생각인데, 이게 진짜 그런지 아닌지 보여주는 지표가 있다. 바로 lift다.

Sugar Cookies=1, Tomatoes=1, White Bread=1 -> Eggs=1 이 규칙의 왼쪽 lift 항목을 찾아 숫자를 보니 6.838이라고 나온다. 이건 앞 조건과 관계 없이 달걀을 사는 확률보다, 앞 조건에 해당하는(설탕 쿠키, 토마토, 흰 빵을 산) 고객이 달걀을 살 확률이 이만큼 더 높다는 뜻이다. lift가 1보다 크면 클수록 더 의미 있는 규칙인데, 6.838이면 굉장히 의미가 큰 규칙이라 할 수 있다. 즉 얻어걸린 게 절대 아니라는 뜻이다. (반대로 lift가 1보다 작으면 의미 없는 규칙이 된다.)

Covr(Coverage), Strg(Strength), Levr(Leverage)는 굳이 참고하지 않아도 되는 지표들이어서 설명을 생략하기로 한다. 보통은 Support, Confidence, Lift 만으로 충분히 규칙을 평가할 수 있다.

고객 선택 예측 Association Rule은 잘만 응용하면 굉장히 많은 활용점이 있다. 지금 함께 해본 실습에서는 상품을 구매했다 안 했다로만 나누어 표시했는데, 대량 구매, 소량 구매 등 구매량을 나누어 표시하면 더 깊이 있는 분석이 가능해진다. 그리고 꼭 같은 범주의 행태가 아니라 다른 행동들을 함께 넣고 분석하면 또 다른 힌트도 발견할 수 있다. 예를 들어 "냉동피자 시식코너를 들른 사람은 드럼세탁기 세제를 살 확률이 85%이다" 혹은 "TV 매장에 들른 사람은 아이스크림 구매확률이 78%이다"와 같은 식으로, 서로 다른 범주에 있는 고객의 행동들끼리의 연관성도 예측해낼 수 있는 것이다.

이를 위해서는 고객 행태에 대한 다양한 관찰과 기록이 필요하다. 많이 기록하면 기록할수록 더 깊고 넓게 분석할 수 있기 때문이다.

Association Rule은 개인화 추천 서비스의 첫걸음이 될 수 있으므로, 필히 깊게 공부해두자.

덮으며

데이터 분석으로 뭘 할 수 있을까?

우리가 일을 하며 내리는 의사결정이란 대부분 '선택'이다.

"이 사람 뽑을까? 말까?"
"이 사업 진행할까? 말까?

선택을 위해 하는 건 '예측'이다.
"이 사람, 우리 회사에 들어오면 일 잘할까? 못할까?"
"이 사업, 진행하면 성공할까? 망할까?"

예측의 근거는 '데이터'다.
"어? 아닌데? 난 데이터 없이도 통찰로 예측하고 선택하는데? 예를 들어 난 눈빛만 봐도 그 사람이 일 잘할지 못할지 감이 온다고!"
아니다. 그것 역시 데이터에 기반한 예측이다. 개인의 경험이라는 아주 제한적인 데이터를 기반으로 해서 이루어진 어떤 생각, 그게 통찰이다. 이 통찰은 심하게 표현하면 편견에 가까울 수도 있다.
눈빛을 보니 뭔가 느낌이 안 좋다? 아마도 과거에 그런 눈빛을 가진 사람과 안 좋은 일이 있었거나, 그런 눈빛을 가진 배우가 악역으로 나오는 드라마/영화를 봤거나 했을 가능성도 크다. 아무 경험 즉 데이터가 없다면 통찰(혹은 편견)도 생기지 않았을 것이다.

그래서 데이터 분석을 하고 데이터 기반 의사결정(Data-driven Approach)을 하는 것이다. 통찰보다 더 정확한 예측을 하고 더 올바른 선택을 하기 위해서.

책 초반부에 언급했듯, 인공지능은 컴퓨터 교육학이다. 컴퓨터를 잘 공부시킬 수만 있으면, 우리가 고민하는 아주 많은 의사결정 문제들을 멋지게 풀 수 있다. 컴퓨터를 공부시킬 정확한 학습법, 그리고 재료 즉 데이터만 충분하면 된다.

공장에서 생산된 제품의 정상/불량 여부를 숙련된 직원이 직접 골라내고 있는데, 이걸 더 잘 할 수 있는 방법은 없을까?

있다!

1 그 동안 생산했던 제품들의 기록(성분, 요소 등의 수치들)을 쭉 정리하고,

2 각 제품들이 정상품이었는지 불량품이었는지 판정했던 결과를 적어준 후,

3 둘 사이의 관계를 인공지능에게 찾아보라고 하고 공부시키면 된다.

	A	B	C	D	E	F	G	H	I	J	K	L
1	결과	Material	TestDate	A_Data	B_Data	C_Data	D_Data	T_Data	Y_Data	X_Data	R_Data	K_Data
2	정상	CNYT2749001	02-26-2019	35.9	75.9	1.59	120.6	7.2	3.3	22.91	1.1443	27
3	정상	CNYT2749002	02-27-2019	34.6	78.8	1.52	119.5	7.2	3.4	22.94	1.1444	28
4	불량	CNYT2749003	02-28-2019	36.1	75.6	1.59	120	7.2	3.3	22.92	1.1442	28
5	정상	CNYT2749004	03-01-2019	36.5	74.7	1.61	120	7.2	3.2	22.93	1.1443	29
6	불량	CNYT2749005	03-02-2019	36.4	75	1.61	120.5	7.2	3.4	22.94	1.1443	28
7	정상	CNYT2749006	03-03-2019	36.3	75.2	1.59	119.4	7.2	3.4	22.95	1.1443	28
8	불량	CNYT2749007	03-04-2019	35.2	77.5	1.55	119.7	7.2	3.6	22.92	1.1442	28
9	정상	CNYT2749008	03-05-2019	36	75.7	1.58	119.4	7.2	3.4	22.92	1.1443	28
10	정상	CNYT2749009	03-06-2019	35.5	76.9	1.56	120.2	7.2	3.3	22.92	1.1444	27
11	불량	CNYT2749010	03-07-2019	34.7	78.7	1.51	119	7.2	3.3	22.93	1.1443	27
12	정상	CNYT2749011	03-08-2019	36.2	75.3	1.61	121	7.2	3.4	22.89	1.1442	26
13	정상	CNYT2749012	03-09-2019	35.2	77.4	1.57	121.6	7.2	3.3	22.92	1.1443	26
14	정상	CNYT2749013	03-10-2019	35.3	77.3	1.57	121.1	7.2	3.3	22.93	1.1443	28
15	불량	CNYT2749014	03-11-2019	35.2	77.6	1.57	121.4	7.2	3.3	22.94	1.1443	28
16	정상	CNYT2749015	03-12-2019	35.5	76.9	1.58	121.4	7.2	3.2	22.92	1.1443	28
17	불량	CNYT2749016	03-13-2019	35.4	76.9	1.56	120.3	7.2	3.2	22.92	1.1443	28
18	정상	CNYT2749017	03-14-2019	35.6	76.7	1.56	120	7.2	3.2	22.91	1.1442	29
19	불량	CNYT2749018	03-15-2019	35.7	76.4	1.58	120.6	7.2	3.2	22.94	1.1444	28
20	불량	CNYT2749019	03-16-2019	35	77.9	1.57	122.2	7.2	3.3	22.91	1.1443	28
21	정상	CNYT2749020	03-17-2019	35.1	77.6	1.58	122.5	7.2	3.3	22.91	1.1443	29
22	정상	CNYT2749021	03-18-2019	34.7	78.5	1.56	122.6	7.3	3.2	22.91	1.1442	28
23	정상	CNYT2749022	03-19-2019	35.1	77.6	1.58	122.4	7.3	3.2	22.89	1.1441	27
24	정상	CNYT2749023	03-20-2019	36.4	75	1.64	122.8	7.3	3.3	22.92	1.1442	26
25	정상	CNYT2749024	03-21-2019	35.3	77.3	1.58	122.2	7.3	3.3	22.92	1.1443	28
26	불량	CNYT2749025	03-22-2019	34.5	79.1	1.53	121	7.2	3.3	22.97	1.1445	28
27	불량	CNYT2749026	03-23-2019	34.4	79.3	1.53	121.5	7.2	3.4	22.93	1.1442	27

이런 식으로 기존에 생산했던 제품들의 요소별 수치정보와 정상/불량 결과를 정리해서 공부시키면 된다.

그러면 인공지능이 제품 특성(문제)과 정상/불량(답) 간의 관계를 파악해서 우리에게 알려준다. 그 둘 사이에 어떤 패턴이 존재한다면 인공지능이 아주 잘 찾아줄 것이다. 물론 없

는 패턴까지 만들어 찾아줄 수는 없지만, 아무튼 있으면 찾아준다. 인공지능은 계산을 아주 잘하기 때문이다.

그러면 이제부터는 제품이 생산되면 기록되는 수치를 보고 인공지능이 바로 정상/불량을 예측해주게 된다.

신상품/신규서비스가 나와서 잠재고객에게 영업전화를 돌려야 하는데, 이걸 더 잘 할 수 있는 방법은 없을까?

있다!

1 그 동안 했던 영업전화 기록을 찾아서 전화 걸었던 고객의 특징이나 그 당시 상황을 쭉 정리하고,
2 그 고객들이 결국 우리 상품/서비스를 구매했는지 안 했는지 결과를 적어준 후,
3 둘 사이의 관계를 인공지능에게 찾아보라고 하고 공부시키면 된다.

그러면 인공지능이 고객 특징(문제)과 결과(답) 간의 관계를 파악해서 우리에게 알려준다. 그리고 이렇게 모델이 만들어지면, 새로 고객들에게 전화를 걸기 전에, 정보를 입력하면 인공지능이 미리 그 고객이 우리 상품/서비스를 구매할 확률과 안 할 확률을 계산해서 구매할 확률이 높은 고객들이 누구인지 알려준다. 그들에게 우선적으로 전화를 해보면 보다 효율적으로 영업을 할 수 있게 된다.

인공지능으로 뭘 할 수 있다 없다를 따지는 건 점점 더 의미 없는 질문이 되어 가고 있다. 보통은 인공지능으로 할 수 있다. 혹시 지금 못 해도 조만간 할 수 있게 되어가고 있다. 그러므로 우리는 어떻게 공부시키면 컴퓨터가 이 일을 할 수 있을까... 만 고민하면 된다.

고객을 조금 더 잘 이해하고 잘 구분해보고 싶은가? 그렇다면 틀에 박힌 인구통계학적 분석(성별, 나이, 지역 등)을 멈추고 진짜 행태별로 고객을 다시 그룹화해볼 필요가 있다. "우리의 타겟은 20대 여성이다"처럼 허황되고 무의미한 이야기가 없다. 20대 여성들이 취향이 다 똑같을 리가 없지 않은가? 그런 것보다는 고객의 취향을 엿볼 수 있는 요소들을 기반으로 그룹화를 해야 한다.

당신이 넷플릭스 같은 영상서비스 기업의 데이터 과학자라고 해보자. 당신은 유저의 어떤 기록들을 수집해서 분석하겠는가? 나이? 성별? 지역? 그런 건 큰 의미를 찾기 어렵다. 그보다는, 당연히 어떤 영상을 클릭하고 재생했는지를 볼 것이다. 그러면 아마 유저의 영상 취향을 어느 정도 파악할 수 있고 그룹으로 나눌 수도 있을 것이다.

하지만 그게 끝이 아니다. 다른 기록을 보면 더 재미있는 구분을 할 수 있다. 예를 들어, 서비스 접속 후 영상을 선택해 재생하기까지 얼마나 오래 걸리는지 살펴본다면, 빠르게 결정하는 사람과, 결정장애 끝에 결국 아무 것도 못 보고 다시 나가는 사람을 발견할 수 있다. 후자는 그런 행동을 반복할 경우 결국 "에이 볼 거 하나도 없네" 하며 실망하고 서비스를 떠날 수 있으므로, 빠르게 발견하고 맞춤추천 등으로 대응해야 한다.

혹은 한 번 본 영상을 나중에 다시 보는지 안 보는지 여부도 살펴볼 수 있다. 한 번 보면 절대 다시 안 보는 사람에겐 늘 새로운 걸 추천해야 하지만, 후자에겐 좋아했던 영상을 시간이 지나 다시 추천하는 것으로도 높은 만족감을 줄 수 있다.

또는 영상 재생 후 끝까지 쭉 보는 사람과, 도중에 멈추는 사람, 멈추긴 하지만 나중에 와서 다시 이어 보는 사람 등등도 살펴볼 수 있다. 그 행태에도 해당 유저의 활용 가능 시간 등 여러 시사점이 담겨 있다.

이렇게 어떤 정보를 모을지에 대한 창의성이 우선 필요하고, 그렇게 모은 정보를 재료 삼아 분석하면 비로소 의미 있는 고객 그룹화를 할 수 있다.

이런 정보(변수)들을 쭉 모아 정리한 후, 앞에서 배운 그룹 나누기(Clustering)을 해보면 경쟁사들과 차별화되고 세분화된 고객 그룹을 발견할 수 있다. 그렇게 행태로 그룹을 나눈 후 그들에 맞는 대응을 해나가면, 그게 바로 타겟 마케팅, 타겟 서비스가 되는 것이다.

뉴스 서비스를 운영하고 있는데, 유저들이 기사를 많이 안 읽고 오래 머무르지 않아서 걱정인가? 이렇게 콘텐츠를 많이 제공하는데 왜 유저들이 점점 줄어드는지 궁금한가?

유저 입장에서 읽을 기사가 없기 때문이다. 하루에 몇 개 기사가 올라오는지는 그리 중요하지 않다. 유저가 보기에 관심 있는 기사가 눈에 띄지 않으면, 하루에 100만 건의 기사가 업로드되는 뉴스 사이트라 해도 '볼 게 없는 곳'이 되고 만다. 천하의 유튜브, 넷플릭스라도 별 수 없다.

유저가 관심 있어 할 기사를 보여주려면, 결국 어떤 기사를 좋아할지 예측해야 하고, 그 예측에 맞게 바로 바로 배치를 해줘야 한다. 이게 바로 개인화 추천이고, 앞서 실습해본 연관 규칙 분석으로 가볍게 시작해볼 수 있다.

	A	B	C	D	E	F	G	H	I	J	K	L	M	N	O	P
1	구분	contents 1	contents 2	contents 3	contents 4	contents 5	contents 6	contents 7	contents 8	contents 9	contents 10	contents 11	contents 12	contents 13	contents 14	contents 15
2	user 1															
3	user 2		click	click			click	click	click							
4	user 3				click	click			click				click			
5	user 4		click				click		click							
6	user 5															
7	user 6			click	click		click	click	click							
8	user 7		click		click	click	click	click		click		click		click		
9	user 8												click			
10	user 9								click	click						
11	user 10	click														
12	user 11				click		click	click		click						
13	user 12			click		click	click			click						
14	user 13								click							
15	user 14														click	
16	user 15														click	
17	user 16															
18	user 17															
19	user 18				click		click				click				click	
20	user 19															
21	user 20															
22	user 21															
23	user 22						click			click						
24	user 23															

유저들이 어떤 기사를 클릭했는지를 이런 식으로 정리한 후 공부시킨다.

이런 식으로 유저들의 기록을 정리해 인공지능에게 공부시키면, 유저가 사이트에 접속해서 A라는 기사를 읽자마자 바로 그 유저가 읽을 확률이 높은 B, C, D 기사들을 찾아내고 보여줄 수 있게 된다.

	A	B	C	D	E
1	Support	Confidence	Lift	Antecedent	Consequent
2	0.345	0.711	1.33	contents 65=click	contents 67=click
3	0.34	0.701	1.252	contents 65=click	contents 58=click
4	0.34	0.739	1.382	contents 61=click	contents 59=click
5	0.33	0.717	1.281	contents 61=click	contents 58=click
6	0.315	0.759	1.355	contents 68=click	contents 58=click
7	0.31	0.765	1.431	contents 69=click	contents 59=click
8	0.31	0.775	1.384	contents 24=click	contents 58=click
9	0.31	0.775	1.449	contents 24=click	contents 59=click
10	0.3	0.741	1.323	contents 69=click	contents 58=click
11	0.3	0.75	1.339	contents 63=click	contents 58=click
12	0.295	0.711	1.329	contents 68=click	contents 59=click
13	0.29	0.725	1.355	contents 63=click	contents 59=click
14	0.28	0.7	1.111	contents 63=click	contents 26=click
15	0.28	0.8	1.495	contents 25=click	contents 59=click
16	0.27	0.783	1.463	contents 60=click	contents 59=click
17	0.265	0.757	1.352	contents 25=click	contents 58=click
18	0.26	0.703	1.255	contents 26=click, contents 67=click	contents 58=click
19	0.26	0.743	1.179	contents 58=click, contents 67=click	contents 26=click
20	0.255	0.797	1.423	contents 59=click, contents 65=click	contents 58=click
21	0.255	0.75	1.402	contents 58=click, contents 65=click	contents 59=click
22	0.255	0.729	1.584	contents 25=click	contents 61=click
23	0.255	0.739	1.32	contents 60=click	contents 58=click
24	0.25	0.714	1.276	contents 59=click, contents 67=click	contents 58=click
25	0.25	0.714	1.335	contents 58=click, contents 67=click	contents 59=click
26	0.25	0.735	1.313	contents 59=click, contents 61=click	contents 58=click
27	0.25	0.758	1.416	contents 58=click, contents 61=click	contents 59=click

65번 기사를 읽은 유저는 67번 기사를 읽을 확률이 71.1%이다 등등의 예측이 바로 나온다.

즉, 유저의 선택을 예측하고, 그 예측에 따라 바로 바로 사이트가 변하게 동적으로 구성하면, 내가 관심 있는 뉴스가 항상 눈 앞에 뜨는, 내 마음을 너무나 잘 아는 최고의 뉴스 사이트가 될 수 있는 것이다.

여행사에 적용한다면, A 여행지를 간 사람은 나중에 B 여행지도 갈 확률이 얼마라든지 이런 계산을 할 수 있기 때문에, 다음 휴가시즌에 확률 높은 맞춤형 추천을 할 수 있다.

보험사에 적용한다면, 고객들이 많이 같이 하는 특약들을 분석해서, 역시 맞춤형 설계에 활용할 수 있다.

전자책 서점에 적용하면 독자별로 구매할 확률이 높은 책을 추천할 수 있고, 교육사이트에 적용하면 학생별로 틀릴 확률이 높은 문제를 골라 추천해서 빠르게 점수를 끌어올릴 수도 있다.

어찌 보면 데이터 분석 자체는 그리 어렵지 않다. 분석은 인공지능이 알아서 해주기 때문이다. 분석보다는 분석을 위한 재료 모으기, 즉 어떤 데이터가 필요하고 어떻게 모으고 등등의 과정이 훨씬 더 어렵고 중요하고, 그 데이터 수집 과정보다 더 어렵고 중요한 건 결국 이 분석을 실제 의사결정에 이용해 새로운 가치를 만들어내는 것이다. 결국 데이터를 알아보는 눈, 모을 수 있는 능력, 분석할 수 있는 지식, 활용할 수 있는 창조적 상상력이 총체적으로 필요한 것이다.

물론 처음부터 잘할 수는 없다. 하지만 일단 시작을 하면 점점 더 잘할 수 있게 되기 마련이다.

이 책이 어렵게 느껴졌던 인공지능 데이터 분석의 첫 발을 떼는 데 작은 도움이 되었길 기대하고, 독자 여러분들의 도전과 성장을 응원한다.

책과 관련된 궁금증은 언제든 편히 연락주시면, 서울과학종합대학원 디지털혁신처에서 적극적으로 답장드릴 것을 약속한다. 감사드린다.

김성민

서울과학종합대학원 디지털혁신처장

callace@aSSIST.ac.kr

3시간에 배우는 인공지능 데이터 분석, 오렌지

문과 출신 비개발자 비즈니스맨을 위한

2021년 3월 10일 | 1판 1쇄 인쇄
2024년 10월 18일 | 1판 5쇄 발행

저 자 | 서울과학종합대학원 디지털혁신처
발 행 인 | 김은중
발 행 처 | 서울경제경영출판사
북 디 자 인 | (주)우일미디어디지텍

주 소 | 03767 서울특별시 서대문구 신촌로 205, 506호
전 화 | 02)313-2682
팩 스 | 02)313-8860

등 록 | 1998년 1월 22일 제5-63호

ISBN : 979-11-6282-083-4 (93000) 정가 15,000원